COLLECTION
ALAIN BENTOLILA
FRANÇOIS RICHAUDEAU

Georges Rémond
IDEN

a.r.t.h.u.r

a telier de lecture
\+ r emédiation/Renforcement
\+ t echniques de lecture
\+ h abitudes de lecteur
\+ u tilisation des compétences
= r éussite

NIVEAU 2

NATHAN/RETZ

Nous remercions les maîtres et les élèves
qui ont expérimenté, critiqué et amendé
les propositions d'A.R.T.H.U.R. II, notamment
A. Stéfani et ses élèves de CE2/CM1
de Chatel Censoir (89)
et encore :

Th. Chalmeau, École de Chatel Gérard (89)
F. Fevre, École des Remparts, Avallon (89)
A. Fischer, École des Chaumes, Avallon (89)
M. Gaulon, École de Molesmes, (89)
M. Maillet, École de Vincelottes (89)
A. M. Noe, École de l'Elan Grigny (91)
A. M. Renaud, École de l'Autruche, Grigny (91)
F. Rigollet, École V. Hugo, Avallon (89)

Nous remercions également de leur amicale participation à la mise au point du *Moniteur de lecture* les instituteurs et les élèves des écoles :

ÉCOLE ÉLÉMENTAIRE LA PEPINIÈRE
Madame Soudry
Madame Garcia
Madame Vrozini
37 avenue A. Briand
94360 BRY-SUR-MARNE
Tél : 48.81.01.36

ÉCOLE PRIMAIRE TORCY
Monsieur Lamblin
23 rue Boucry
75018 PARIS
Tél : 42.45.08.90

ÉCOLE ÉLÉMENTAIRE MIXTE
Monsieur Rotrou
42 rue Madame
75005 PARIS
Tél : 45.48.93.07

ÉCOLE JEAN MOULIN
Madame Palaizy
38800 LE PONT DE CLAIX
Tél : 16/76.98.17.33

ÉCOLE LA FONTAINE
Madame Guilmont
89200 AVALLON
Tél : 16/86.34.14.59

ISBN 2-09-150957-4

Préface

Lire, ce n'est pas entrer dans un produit, c'est entrer en production.

R. Barthes

A.R.T.H.U.R. (niveau 2) c'est :

Une somme de **120 exercices et d'une trentaine de textes variés** qui permettent **un entraînement systématique** en vue de la **maîtrise des gestes mentaux utilisés par tout lecteur efficace**.

Ces exercices, qui gagneront à être conduits de façon rigoureuse dans le cadre de consignes strictes, visent à l'**amélioration des compétences.** Ils se doivent d'avoir toute leur place (mais rien que leur place) dans le puzzle complexe des activités à mettre en place pour former de véritables lecteurs polyvalents.

L'ouvrage sera utilisé :

- soit à raison d'une ou deux fois par semaine dans le cadre d'ateliers tournants (chaque série de 4 chapitres, suivie d'un chapitre « Bilan » constitue la matière d'un trimestre d'étude) ;
- soit comme activité de « mise en condition » préalablement à un travail où l'acte de lire s'exercera en situation vraie, c'est-à-dire comme moyen et non comme fin.

Dans ce contexte, notre ouvrage s'appuie résolument sur les acquis les plus récents concernant la lecture et son apprentissage, tant au niveau cognitif psychologique que pédagogique.

Mais A.R.T.H.U.R. (niveau 2) c'est aussi et surtout :

Une prise en compte de **la diversité** des apprentis-lecteurs tant dans **leur niveau,** que dans **leur profil.** En effet, la structure même de l'ouvrage permet de proposer des **menus d'activités personnalisés** en fonction des déficiences ou des faiblesses constatées.

C'est pourquoi :

- A.R.T.H.U.R. a été conçu en relation étroite avec les outils d'évaluation contenus dans la mallette du « Moniteur de lecture » tout en pouvant, toutefois, s'utiliser indépendamment de ces derniers.
- A.R.T.H.U.R. propose toujours **deux niveaux d'activités** pour tous les exercices portant sur la manipulation de mots ou de phrases.
- A.R.T.H.U.R propose, pour chaque activité, un objectif général prioritaire visant à développer telle ou telle aptitude partielle qui entre en jeu dans l'acte de lire.

Ainsi :

- Les activités précédées du sigle « carreau » ♦ visent à améliorer **la dextérité du lecteur dans la saisie de l'information :**
– sûreté et précision des déplacements oculaires ;
– reconnaissance globale et rapide de mots, y compris sous des costumes visuels différents (majuscules/minuscules par exemple) ;
– perception rapide de différences ou de ressemblances, etc.

Il convient donc, ici, de donner **une prime à la vitesse** selon la formule d'Alain. À cet effet, nous suggérons de préciser, avant la tâche, le temps imparti pour son exécution. Au cours élémentaire, environ 10 minutes de travail individuel intensif nous paraissent une norme raisonnable pour la plupart des exercices portant sur des mots isolés ou des phrases.

- Les activités précédées du sigle « cœur » ♥ visent à améliorer **la précision dans le traitement de l'information**, en privilégiant ce qui touche à la compréhension, au « bon sens » à travers des exercices variés maniant la similitude, les oppositions ou la contraction de sens.
Toutefois, l'objectif est moins, ici, de développer quantitativement le vocabulaire que de faire prendre conscience à l'élève de l'organisation, de la richesse ou des nuances de ce dernier.

- Les activités précédées du sigle « trèfle » ♣ relèvent prioritairement de la **lecture recherche**. Elles concernent surtout les textes, les listes ou les tableaux et visent à développer la capacité à chercher et à sélectionner dans un document écrit, un ensemble d'informations ou encore, à tirer d'informations données, un certain nombre de conséquences logiques.

- Les activités précédées du sigle « pique » ♠ visent à développer **la capacité à mémoriser les informations** d'un texte, les détails ponctuels et/ou les idées générales.

Ces sigles se veulent des indicateurs :
– **pour le maître,** en orientant ses exigences comme ses modalités d'aide ;
– **pour les élèves,** en fixant, cartes sur table, les objectifs à privilégier ou le type d'exploitation qui sera fait de tel ou tel document.

A.R.T.H.U.R. (niveau 2) c'est enfin :

Par leur organisation et leur diversité les exercices proposés permettent donc **une remédiation adaptée et personnalisée** selon l'organisation suivante :

A) Activités de remédiation ou d'amélioration appuyées sur des mots isolés ou des phrases :

Exercices à proposer

Atelier 1 :
Élèves dont les déficiences se situent plus au niveau de la « dextérité » que de la compréhension.

Atelier 2 :
Élèves dont les déficiences se situent prioritairement au niveau de la compréhension et du traitement des informations recueillies.

Atelier 3 :
Élèves faibles en tout domaine.

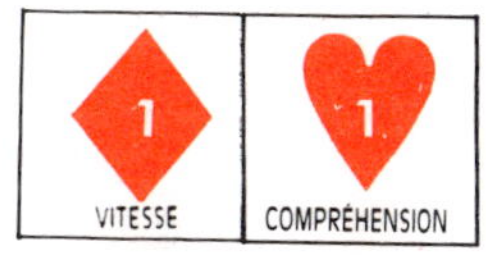

Atelier 4 :
Élèves non déficients, aux capacités homogènes, dont on veut améliorer les compétences.

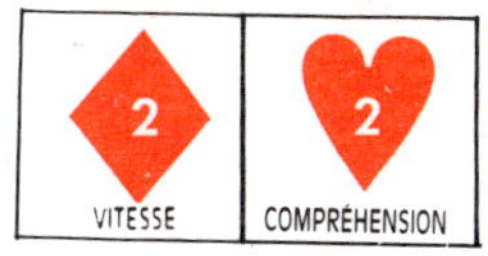

B) Activités prenant appui sur la lecture et l'exploitation de textes

Atelier 1 :
Activités exerçant surtout la capacité à **enregistrer** les informations d'un texte.

Atelier 2 :
Activités exerçant surtout la capacité à **traiter** les informations d'un texte.

Pour une bonne pratique :
Si les exercices proposés privilégient volontairement la lecture silencieuse, il nous paraît essentiel que la correction des travaux puisse s'appuyer, elle, sur l'oralisation effective de tout ou partie du matériau « traité ». En effet, si le but ultime de l'apprentissage de la lecture est bien la capacité d'**appréhender efficacement le contenu** d'un document écrit, la mission de l'école est aussi de faire apprivoiser **le contenant,** c'est-à-dire la langue elle-même, or le relief sonore des mots en est une composante essentielle, même si, en lecture silencieuse, il doit pouvoir être « détachable ».
Dans cet esprit les exercices, après préparation ou exploitation solitaire, peuvent et doivent donner lieu à lecture orale. Plus même, chaque fois qu'un texte comporte des mots en marge (synonymes ou mots supplémentaires à introduire dans la ligne) il sera bon de proposer une relecture du texte dans laquelle les mots en marge se substitueront aux mots du texte ou, selon le cas, viendront s'incorporer à lui.

La plupart des exercices exigent une trace écrite. Il sera possible soit d'utiliser un transparent avec feutre effaçable, soit de faire noter dans le cahier d'essai les coordonnées des réponses choisies.
La pratique de la photocopie est autorisée pour les 3 chapitres constituant les bilans : elle permettra de garder périodiquement trace des évolutions constatées.

La formation du lecteur qui incombe à l'école passe par une nécessaire diversification des activités de lecture. Ce manuel est un outil conçu dans cet esprit. Il aidera les maîtres à doter leurs élèves de tous **les atouts nécessaires** pour gagner le difficile pari de l'apprentissage en ce domaine.

G. Rémond I.D.E.N.

Sommaire

◆ Objectif prioritaire : la vitesse
♥ Objectif prioritaire : la compréhension
♣ Objectif prioritaire : la recherche
♠ Objectif prioritaire : la mémoire

1

Deux costumes pour un mot ! (I)

VITESSE

1 **En recopiant les deux premiers mots de chaque liste, Arthur s'est parfois trompé. Coche la case quand il a fait des fautes.**

1 ☐	2 ☐	3 ☐	4 ☐	5 ☐
un coq une poule	du pain un ours	un lac le ciel	un sapin la forêt	la trousse ma tante
un coq *une poule*	*du pain* *un ours*	*un sac* *le ciel*	*un sapin* *la forêt*	*la frousse* *ma tante*

6 ☐	7 ☐	8 ☐	9 ☐	10 ☐
la fusée la lune	une dent le feu	le lit le bol	une auto un pneu	le livre la fille
la fusée *la lune*	*une dent* *le jeu*	*le lit* *le bal*	*une auto* *un pneu*	*le livre* *la bille*

2 **En recopiant les deux premiers mots de chaque liste, Arthur s'est parfois trompé. Coche la case quand il y a des fautes.**

1 ☐	2 ☐	3 ☐	4 ☐	5 ☐
LE MOUTON UN BANDIT	UNE BALLE UNE FLÛTE	DU BEURRE DU FROMAGE	LA TERRE UN VER	L'ŒIL LE JAZZ
le menton *un bandit*	*une balle* *une flûte*	*du beurre* *du fromage*	*la terre* *un verre*	*l'oeil* *le jaz*

6 ☐	7 ☐	8 ☐	9 ☐	10 ☒
UN COUSSIN DU GRUYÈRE	UN PARC UN TAXI	HÉLAS ! LE QUAI	LE CLOWN LE BANC	LA VOIE DU CATCH
un cousin *du gruyère*	*un parc* *un taxi*	*hélas !* *le quai*	*le clown* *le blanc*	*la voix* *du catch*

Colliers de mots (I)

COMPRÉHENSION

1 **Voici des colliers de mots comme on fait des colliers de perles.**

un coq ∘ un sapin ∘ un hérisson ∘ des carottes ∘ une coccinelle

Souligne en rouge les noms d'animaux et en bleu les noms de plantes.
Dans chaque collier, tu dois avoir un animal (en rouge), une plante (en bleu), un animal (en rouge), une plante (en bleu), etc.
Si le collier est mal fait, coche la case.

1 ☒ Un coq, un sapin, un hérisson, des carottes, une coccinelle, de l'herbe, une girafe, des orties.

2 ☐ Une vache, un poireau, un requin, un champignon, une mouche, des radis, un âne, du muguet.

3 ☐ Un canari, des violettes, une baleine, une tulipe, un coquelicot, une puce, un lion, un oranger.

4 ☐ Un serpent, un cerisier, une hirondelle, de la salade, un corbeau, un rosier, un poisson, de la vigne.

5 ☐ Une tortue, des petits pois, un ours, du lilas, un crocodile, un perroquet, de l'herbe, des haricots.

2 **Voici des colliers de mots comme on fait des colliers de perles.**

un mécanicien ∘ une caravane ∘ un pharmacien ∘ un balai ∘ un chauffeur

Dans chaque collier, tu dois avoir une personne, une chose, une personne, une chose, etc.
Si le collier est mal fait, coche la case.

1 ☒ Un mécanicien, une caravane, un pharmacien, un balai, un chauffeur, un aspirateur, un cultivateur, un oreiller.

2 ☐ Un médecin, une enveloppe, un clown, un escabeau, un professeur, un facteur, mon cousin, un comédien.

3 ☐ Un pêcheur, un chariot, un dentiste, une bougie, un gendarme, une bicyclette, un boulanger, une caméra.

4 ☐ Un pianiste, un savon, un motard, la cheminée, un maçon, une veste, un acteur, le téléphone.

5 ☒ Une écolière, un ruban, un coiffeur, un camembert, une grand-mère, une cigarette, un menteur, une tuile.

Qui se ressemble s'assemble

VITESSE

1 **Deux phrases sur quatre sont exactement pareilles. Coche-les.**

a ☐ Aujourd'hui, le vent souffle beaucoup.
b ☐ AUJOURD'HUI, LE VENT SOUFFLE TRÈS FORT.
c ☐ Le vent souffle très fort aujourd'hui.
d ☐ *Aujourd'hui, le vent souffle très fort.*

e ☐ *Arthur a pris un bon bain.*
f ☐ **Arthur n'a pas pris de douche.**
g ☐ ***Arthur a pris une bonne douche.***
h ☐ ARTHUR N'A PAS PRIS DE DOUCHE.

i ☐ **En vacances, j'ai appris à nager.**
j ☐ **En vacances, j'ai appris à plonger.**
k ☐ **EN VACANCES, J'IRAI À LA MER.**
l ☐ En vacances, j'ai appris à nager.

2 **Deux phrases sur quatre sont exactement semblables. Coche-les.**

a ☐ Trois alpinistes vont escalader la montagne.
b ☐ Trois alpinistes escaladent la montagne
c ☐ **Trois alpinistes escaladent la montagne.**
d ☐ ***Treize alpinistes vont escalader la montagne.***

e ☐ ***Le panier a été inventé par les Chinois.***
f ☐ Le papier a été inventé par les Chinois.
g ☐ Les Chinois ont inventé le papier.
h ☐ *LE PAPIER A ÉTÉ INVENTÉ PAR LES CHINOIS.*

i ☐ Il est interdit de toucher aux fils électriques.
j ☐ CE N'EST PAS DANGEREUX DE TOUCHER LES FILS ÉLECTRIQUES.
k ☐ C'est dangereux de toucher les fils électriques.
l ☐ C'EST DANGEREUX DE TOUCHER LES FILS ÉLECTRIQUES.

25/09/06

COMPRÉHENSION

Bon ordre et bon sens

1 **Les groupes de mots de chaque phrase sont mélangés. Remets-les en ordre pour comprendre la phrase, puis coche la bonne case.**

1	roulent toujours	sur les rails.	Les trains		vrai ☒	faux ☐
2	sa toilette.	Un chat	très souvent	fait	vrai ☒	faux ☒
3	bleue.	La neige	est		vrai ☐	faux ☒
4	poussent	sur les arbres.	Les nouilles		vrai ☐	faux ☐
5	très bien	savent	Certaines tortues	nager.	vrai ☒	faux ☐
6	voler.	Toutes les tortues	savent aussi		vrai ☐	faux ☒
7	en glace.	se transforme	S'il fait très froid,	l'eau	vrai ☒	faux ☐
8	des plumes	ont	Les lapins	et des cornes.	vrai ☐	faux ☐
9	au pôle Nord.	très froid	Il fait		vrai ☐	faux ☐
10	leurs dents	au printemps.	Les poules	perdent	vrai ☐	faux ☒

2 **Les groupes de mots de chaque phrase sont mélangés. Remets-les en ordre pour comprendre la phrase, et coche la case qui convient.**

1	sur les toits.	des tuiles	Il y a		vrai ☐	faux ☐
2	Le matin,	avec du sel.	mon petit déjeuner	je sucre	vrai ☐	faux ☐
3	calme	Le sirop	la toux.		vrai ☐	faux ☐
4	déchire	Après la lessive,	maman	son linge.	vrai ☐	faux ☐
5	jamais	de freins.	n'a	Un vélo	vrai ☐	faux ☐
6	écrit	avec une cuillère.	toujours	Jean	vrai ☐	faux ☐
7	à la télé.	des publicités	souvent	Il y a	vrai ☐	faux ☐
8	Parfois,	les perroquets	parler.	savent	vrai ☐	faux ☐
9	froid :	Il fait	mon maillot de bain.	je mets	vrai ☐	faux ☐
10	se brosser	Il faut	souvent	les dents.	vrai ☐	faux ☐

RECHERCHE

L'histoire du petit Indien

Lis cette histoire avec les yeux et remets les mots en marge à leur place dans la ligne. Surtout, n'écris rien. Tu le feras après pour les questions.

	1
l'histoire	Voici __________ de toute une famille d'Indiens :
	le père, la mère, le grand frère, la grande sœur
petit	et le tout _____ qu'on appelait le petit Indien.
	Le père s'appelait « Chef Soleil Levant », la mère
de	« Branche ___ Saule », le frère « Feuille de Chêne »
	et la sœur « Tige d'Or ».
un	Ils avaient, chacun, ___ cheval.
	Le petit Indien, lui, n'avait pas de nom et il n'avait
pas	___ de cheval non plus.
	2
Soleil	Un jour, à l'heure du petit déjeuner, Chef ______
	Levant déclara :
	– Ce matin, en traversant la prairie, j'ai cru voir
cheval	un _______ blanc couché dans l'herbe.
	Mais c'était une illusion, le soleil du matin trompe
souvent	______ les yeux, et personne ne laisserait son
toute	cheval, seul, dans la prairie, pendant _____ la nuit.
	3
aurait	Après le repas, le petit Indien partit voir s'il ______
	la même illusion que son père.
	Il vit un cheval blanc couché dans l'herbe.
s'approcha	Il __________.
	Ses yeux ne le trompaient pas.
bien	Il y avait ____ un cheval blanc couché dans
	les marguerites.
	4
petit	Le _____ Indien se mit à caresser doucement
	le museau du cheval.
son	Puis il passa ___ bras autour de sa tête et il serra
	le cheval contre lui.
sans	– Ce cheval ne peut, ___ doute, pas marcher,

soif	pensa le petit Indien, il doit donc avoir ____.
	Et il apporta à boire au cheval.
faim	– Il doit aussi avoir ____, se dit le petit Indien.
cheval	Et il apporta à manger au ____. Mais le temps
	passait et le petit Indien devait rentrer.
	5
venue	La nuit ____, quand tous furent endormis,
éveillé	le petit Indien resta ____, dans l'obscurité.
blanc	Il frissonnait en pensant au cheval ____ couché,
marguerites	tout seul, là-bas, dans le froid et les ____.
	Alors, il se leva, il prit sa chaude couverture et il
tente	sortit sans bruit de la ____.
	6
il	Le petit Indien avait très peur, mais ____ pensait à
	son ami et il continua son chemin.
cheval	Il trouva le ____ dans l'obscurité. Il lui caressa
	le museau.
couverture	Il le couvrit de sa ____ de laine, puis il se
	glissa dessous et s'endormit.
	7
avait	Au matin, sous la tente il n'y ____ plus de petit
	Indien roulé dans sa couverture.
famille	Toute la ____ partit, aussitôt, à sa recherche.
	Quand le père, la mère, le grand frère et la grande
prairie	sœur arrivèrent dans la ____, ils virent – et ce
	n'était pas une illusion – un grand cheval blanc
qui	____ dormait sous la couverture du petit Indien
blotti	avec le petit Indien ____ contre lui.
Levant	– Ce n'était pas une illusion, Chef Soleil ____, dit
avait	le petit Indien en se réveillant, j'ai pensé qu'il ____
	froid !
	Chef Soleil Levant était heureux de retrouver son
Indien	petit ____ sain et sauf et il était très fier de lui.
	8
Levant	Chef Soleil ____ examina le grand cheval blanc :
	il avait une patte cassée.
une	On lui fit ____ attelle, et le cheval put marcher en
	boitillant.
demanda	Le petit Indien ____ alors, très inquiet :
	– Puis-je le garder, s'il te plaît, Chef Soleil Levant ?
en	Son père le regarda ____ souriant :

	– Puisque c'est toi qui l'as trouvé et soigné,
prêté	puisque c'est toi qui lui as ____ ta couverture, ce cheval t'appartient de droit, petit Indien : garde-le.
très	Et puisque tu as été ____ courageux, je te donnerai
maintenant	aussi un nom : tu t'appelleras __________ « Cheval Hardi ».

Le petit Indien était doublement heureux :
Il avait désormais, comme tous les autres, **un nom et un cheval** et c'est ce qu'il désirait le plus au monde.

D'après Ch. Zolotow, *Le Petit Indien*, Éditions des deux coqs d'or

QUESTIONS

Tu as le droit de regarder le texte pour répondre aux questions.

1 Relie chaque personnage de l'histoire à son nom :

Le père ☐	☐ Branche de Saule
La mère ☐	☐ Cheval Hardi
Le frère ☐	☐ Chef Soleil Levant
La sœur ☐	☐ Feuille de Chêne
Le petit Indien ☐	☐ Tige d'Or

Tu coches, à chaque fois, la bonne réponse.

2 Chef Soleil Levant dit : **« C'était une illusion »,** à la place, on pourrait dire :
- ☐ c'était un mensonge.
- ☐ c'était une farce.
- ☐ c'était un mirage.

3 Le petit Indien, sous sa couverture, frissonnait.
- ☐ parce qu'il avait peur.
- ☐ parce qu'il pensait au cheval qui avait froid.
- ☐ parce qu'il pleuvait.

4 Le cheval ne se sauve pas quand le petit Indien l'approche...
- ☐ parce qu'il est apprivoisé.
- ☐ parce qu'il est attaché.
- ☐ parce qu'il est blessé.

5 **Ce cheval t'appartient en droit,** cela veut dire : **Ce cheval t'appartient comme le veut la coutume des Indiens.**
Coche la bonne coutume :
- ☐ Si un Indien trouve un cheval sauvage, il n'a pas le droit de le capturer.
- ☐ Si un Indien capture un cheval sauvage, il doit le donner au chef de la tribu.
- ☐ Si un Indien trouve un cheval sauvage et le soigne, ce cheval lui appartient.

Aimes-tu les animaux ?

RECHERCHE

Coche, pour chaque question, le choix que tu préfères et colorie le chien suivant la réponse que tu choisis.

1 Tu aperçois une grosse araignée sur le mur de ta chambre et...

a ☐ ...tu essaies vite de la tuer d'un grand coup de pied.

b ☐ ...tu la prends délicatement et tu la mets dehors.

c ☐ ...tu l'attrapes et tu la mets dans ta collection d'insectes.

*Si tu as choisi la réponse **a**, colorie la tête du chien en rouge.*
*Si tu as choisi la réponse **b**, colorie la tête du chien en vert.*
*Si tu as choisi la réponse **c**, colorie la tête du chien en jaune.*

2 Quel chien préfères-tu ?

a ☐ Le chien esquimau qui tire un traîneau.

b ☐ Le lévrier sportif qui gagne toutes les courses.

c ☐ Le mignon petit caniche qui n'a vraiment pas l'air méchant.

*Si tu as choisi la réponse **a**, colorie le ventre du chien en vert.*
*Si tu as choisi la réponse **b**, colorie le ventre du chien en jaune.*
*Si tu as choisi la réponse **c**, colorie le ventre du chien en rouge.*

3 Tu rencontres un loup au coin d'un bois. Que dis-tu ?

a ☐ « Oh ! la belle bête ! »

b ☐ « Au secours, j'ai très peur ! »

c ☐ « Mais, je croyais que ces animaux avaient disparu ! »

*Si tu as choisi la réponse **a**, colorie les pattes du chien en jaune.*
*Si tu as choisi la réponse **b**, colorie les pattes du chien en rouge.*
*Si tu as choisi la réponse **c**, colorie les pattes du chien en vert.*

Pour savoir comment tu aimes les animaux, lis les réponses page 20.

2

Un mot et son double

VITESSE

1 Entoure le mot qui est commun aux deux listes.

Exemple
La rue – le mur – un coq – du vin – mon lit – du thé.
Boa – île – lit – cri – dos – fer.

1 De l'air – du blé – un jeu – le feu – la clé – le ski.
Bec – fée – jeu – sol – bus – rat.

2 La peur – le pied – la nuit – le toit – la boue – le drap.
Lune – père – mère – pain – drap – gare.

3 La neige – une fusée – la forêt – un bijou – la foire – le sapin.
Préau – tuile – usine – herbe – purée – fusée.

4 Le calcul – un glaçon – un buvard – la prison – la chèvre – le garage.
Paquet – réveil – navire – moitié – grotte – glaçon.

5 Le coffre – la caisse – la girafe – le lavabo – le soleil – du citron.
Mouton – beurre – montre – mouche – caisse – bandit.

2 Entoure le mot qui est commun aux deux listes.

1 Un âne – le roi – la loi – un fou – le nez – la pie.
FIL – BOL – RIZ – NEZ – GAZ – VER.

2 Du bois – le soir – les yeux – le vent – un coup – la tête.
BÊTE – GENS – POUX – FÊTE – PAYS – YEUX.

3 Un arbre – un chien – l'hiver – un oiseau – une femme – un homme.
HEURE – FEMME – TEMPS – MATIN – FROID – JOUET.

4 La classe – la maison – le travail – le chemin – le jardin – mon devoir.
LETTRE – TRAVAIL – POUPÉE – SAISON – MARCHE – NATURE.

5 Carotte – trousse – punaise – dînette – marteau – briquet.
SOULIER – PLAFOND – FROMAGE – ABRICOT – TROUSSE – SIFFLET.

Colliers de mots (II)

COMPRÉHENSION

1 **Dans chaque collier, tu dois avoir : un verbe... un nom de véhicule... un verbe... un nom de véhicule... etc.**
Coche les colliers mal faits.

1 ☐ écrire, auto, bêcher, carrosse, dessiner, fusée, balayer, camion, découper, navire.

2 ☐ démarrer, avion, essuyer, moto, conduire, éplucher, train, dormir.

3 ☐ nettoyer, mobylette, sortir, brouette, lire, rire, locomotive, vomir, voilier.

4 ☐ neiger, traîneau, aboyer, kayak, atterrir, hélicoptère, boire, tracteur.

5 ☐ tomber, deltaplane, plonger, barque, tricher, sous-marin, réfléchir, téléphérique.

6 ☐ respirer, paquebot, écrire, camionnette, creuser, T.G.V., s'asseoir, flamme, éteindre, tricycle.

2 **Dans chaque collier, tu dois avoir : un nom... son adjectif... un nom... son adjectif, etc.**
Coche les colliers mal faits.

☒ Feuille – verte – <u>tabouret</u> – <u>méchant</u> – appartement – immense – marteau – lourd – chauffeur – prudent.

1 ☐ Couverture – chaude – raisin – sucré – temps – froid – vin – rouge – feu – vert – chauffeur – prudent.

2 ☐ Plafond – haut – lion – féroce – bébé – mignon – lunettes – cassées – bouteille – pleine – table – propre.

3 ☐ Corbeille – vide – nuages – noirs – gris – étoile – filante – volcan – éteint – auto – vendue.

4 ☐ Parquet – ciré – rosier – fleuri – crayon – rouge – papier – blanc – armoire – rangée – assiettes – sales.

5 ☐ Pantalon – déchiré – leçon – cassée – ouvrier – adroit – visage – virage – dangereux – chaussures - neuves.

6 ☐ Singe – apprivoisé – voyage – agréable – boissons – fraîches – skieur – fatigué – sirop – amer.

Le mot de la fin

VITESSE

1 Souligne le mot entre parenthèses qui permet de terminer la phrase en lui donnant un bon sens.

1 Voici l'orage. Je ne veux pas être mouillé, ouvre vite... ***(le livre, le robinet, le parapluie).***

2 Tu as des chaussures pleines de boue, dépêche-toi d'aller les... ***(noyer, nettoyer, essayer).***

3 Mardi, je vais aller me baigner à... ***(la bouteille, la mère, la piscine).***

4 Juliette aimerait beaucoup avoir une jupe-culotte comme... ***(sa tente, sa mère, sa classe).***

5 Sylvie a une belle poupée en plastique. Elle a voulu la baigner dans une eau trop chaude et la poupée a... ***(descendu, fondu, entendu).***

2 Souligne le mot entre parenthèses qui permet de terminer la phrase en lui donnant un bon sens. *(Attention à l'orthographe !)*

1 La nuit tombe, les gens prennent le bus pour rentrer... ***(chez moi, chez lui, chez eux).***

2 Un pauvre hérisson a voulu traverser la route et une voiture l'a ***(tuée, blessé, renversés.)***

3 Les élèves de l'école donnent un spectacle pour les personnes âgées, ils jouent une pièce de théâtre et ils... ***(chante, dansent, récites).***

4 Arthur devra rester quinze jours au lit. Le médecin a dit qu'il avait... ***(la grippe, la piqûre, la vaisselle).***

5 Ma petite sœur a joué dans le bac à sable, elle a les mains toutes... ***(rouge, mouillés, sales).***

COMPRÉHENSION

Vrai ou faux !

1 Lis vite chaque phrase et coche la case qui convient.

	C'est l'hiver	C'est l'été	C'est idiot
1 Il fait chaud ; tous les gens sont sur la plage.			
2 La rivière est très gelée : on peut marcher dessus.			
3 Si vous parlez trop vite, votre langue peut prendre feu.			
4 La neige est tombée toute la nuit sur la ville.			
5 Les nuages sont fabriqués avec du coton dans des usines parisiennes.			
6 Si vous faites rire une baleine, vous pouvez provoquer une tempête.			
7 Les arbres n'ont plus de feuilles et les hirondelles sont parties.			
8 Les fleurs ont soif sous le soleil brûlant.			
9 Monsieur Arthur, torse nu, tond sa pelouse et taille sa haie.			
10 Si les seaux étaient percés, ils pourraient contenir beaucoup plus d'eau.			

2 Lis vite chaque phrase et coche la case qui convient.

	C'est le jour	C'est la nuit	C'est absurde
1 Les oiseaux savent tous chanter et jouer du piano.			
2 Les enfants qui ont deux jambes et deux bras sont gravement handicapés.			
3 Il est minuit. La lune, toute ronde, brille dans le ciel.			
4 Au-dessus de la forêt, les étoiles luisaient dans le ciel noir.			
5 Le ciel est noir et sombre en ce début d'après-midi : l'orage va éclater.			
6 Les enfants sont à l'école depuis deux heures déjà et le chat dort toujours.			
7 On lit beaucoup plus vite un livre lorsqu'on le tient à l'envers.			
8 Bientôt l'heure du déjeuner : file au supermarché faire les courses !			
9 Les chats du quartier miaulaient au clair de lune.			
10 J'ai fait une piqûre à mon livre de mathématiques pour qu'il n'attrape pas un rhume.			

AIMES-TU LES ANIMAUX ?
Résultats du questionnaire page 15

Résultats du questionnaire page 15

Si ton chien est plutôt vert :
Tu es un amoureux des animaux, ils sont pour toi de bons compagnons de jeu.

Si ton chien est plutôt jaune :
Tu aimes les animaux, car ils sont, pour toi, des bêtes curieuses, que tu aimes observer et regarder vivre.

Si ton chien est plutôt rouge :
Tu aimes bien les animaux... mais de loin car tu es prudent(e) et certains te font un peu peur !

Une drôle d'histoire de loup

RECHERCHE

Une histoire à lire, puis à dire, comme au théâtre.

– Il était une fois une petite fille qui s'appelait le Petit Chaperon jaune.
– Mais non, rouge !
– Oh ! oui, le Petit Chaperon rouge. Sa maman l'appela et lui dit : « Écoute, Petit Chaperon vert. »
– Non, non, rouge !
– Bien sûr, rouge. Donc sa maman lui dit : « Va porter à tante Ursule ces épluchures de pommes de terre... »
– Non ! Elle lui dit : « Va porter cette galette à ta grand-mère. »
– C'est vrai. Alors la petite fille s'en alla dans le bois et rencontra une girafe...
– Quelle salade ! Elle rencontra un loup, pas une girafe !
– D'accord. Le loup lui demanda : « Combien font six fois huit ? »
– Pas du tout ! Le loup lui demanda : « Où vas-tu ? »
– Tu as raison. Le Petit Chaperon noir répondit...
– Rouge ! rouge ! Le Petit Chaperon rouge !
– Bon. Elle répondit : « Je vais au marché acheter de la sauce tomate. »
– Jamais de la vie ! « Je vais chez ma grand-mère qui est malade, mais j'ai perdu mon chemin. »
– C'est juste. Alors le cheval lui dit...
– Quel cheval ? C'était un loup !
– Bien sûr. Donc il lui dit : « Prends l'autobus numéro 75, descends place de la Cathédrale, tourne à droite ; tu trouveras trois marches d'escalier et un sou par terre ; ne t'occupe pas des marches d'escalier, ramasse le sou et achète-toi un chewing-gum... »
– Grand-père, tu ne sais vraiment pas raconter les histoires, tu t'embrouilles tout le temps ! Tant pis, ça ne fait rien, achète-moi quand même le chewing-gum !
– Parfait. Tiens, voilà un sou.
Et le grand-père se remit à lire son journal.

Histoires au téléphone de Gianni Rodari, La Farandole, Messidor.

QUESTIONS

Tu as le droit de t'aider du texte pour répondre aux questions.

1 Coche la bonne réponse :

Dans cette discussion...

a) ☒ ... Un enfant raconte l'histoire du Petit Chaperon rouge à un autre enfant.

b) ☒ ... Un grand-père raconte l'histoire du Petit Chaperon rouge à l'un de ses petits-enfants.

c) ☐ ... Un enfant lit l'histoire du Petit Chaperon rouge à son grand-père qui ne voit plus clair.

2 Coche les animaux qui sont dans cette histoire :

☒ un renard
☐ un loup
☐ un corbeau
☐ une girafe
☐ un cheval
☐ une poule

3 Où est la vérité ?

a) On dirait que celui qui raconte ne connaît vraiment pas l'histoire du Petit Chaperon rouge.

vrai ☐ faux ☒

b) Celui qui raconte change les personnages, mais ne change pas le déroulement de l'histoire.

vrai ☒ faux ☒

c) Celui qui écoute connaît très bien l'histoire du Petit Chaperon rouge.

vrai ☒ faux ☐

4 Qui parle ?
Coche le nom de celui qui dit ces phrases prises dans l'histoire :

a) – Quelle salade ! Elle rencontra un loup, pas une girafe.

Grand-père ☒ l'enfant ☐

b) – Tu as raison. Le Petit Chaperon noir répondit...

Grand-père ☐ l'enfant ☒

c) – C'est juste. Alors le cheval lui dit...

Grand-père ☐ l'enfant ☒

22/09/06

Une vraie histoire de loup

MÉMOIRE

Certaines lettres sont remplacées par une étoile, mais tu les devineras facilement. Vérifie, si tu n'es pas très sûr, à l'aide des numéros et de la liste placés sous le texte.

Nous sommes le 6 janvier 1816, dans les montagnes du Massif central. M. BROSSIER est en train de *ouper[1] du bois dans la forêt. Tout à *oup[2], il se trouve nez à nez avec un loup é*orme[3]. La bête l'attaque à coups de d*nts[4], le bûcheron se d*fend[5] à coups de hache. Le loup, ble*sé[6], n'insiste pas et se sau*e[7] dans les bois.

Les paysans du village poursuivent aus*itôt[8] la bête avec *hiens[9] et fu*ils[10]. Jean RENAULT rattrape le loup, arme *on[11] fusil, met en joue et ti*e[12] mais le coup ne part pas. Le loup furieux lui saute au vi*age[13]. Jean RENAULT lui plonge, alors, le bras tout entier d*ns[14] la gueule, renverse le loup à terre et f*appe[15] tant qu'il *eut[16] avec la crosse de son fusil. Ses amis arrivent et achèvent la *ête[17].

Jean RENAULT est gravement blessé au visage et au b*as[18]. Il restera longtemps sans pouvoir tra*ailler[19]. Pour son courage, on lui a donné une récompen*e[20] de 300 francs.

1 - couper
2 - tout à coup
3 - énorme
4 - dents
5 - se défend
6 - blessé
7 - se sauve
8 - aussitôt
9 - chiens
10 - fusils
11 - son
12 - tire
13 - visage
14 - dans
15 - frappe
16 - peut
17 - bête
18 - bras
19 - travailler
20 - récompense

QUESTIONS

Tu n'as pas le droit de regarder le texte pour répondre aux questions.

Coche les bonnes réponses :

1 Lorsqu'il a été attaqué par un loup... M. BROSSIER
- ☒ se promenait dans la forêt.
- ☐ cherchait des champignons.
- ☐ coupait du bois.

2 M. BROSSIER s'est défendu avec
- ☒ un bâton.
- ☐ sa hache.
- ☐ son épée.

3 Jean RENAULT n'a pas pu tuer le loup...
- ☐ parce qu'il n'avait pas son fusil.
- ☐ parce le coup n'est pas parti.
- ☒ parce que le loup lui a pris son fusil.

4 Pour se défendre Jean RENAULT...
- ☐ a tiré le loup par la queue.
- ☒ a enfoncé son bras dans la gueule du loup.
- ☐ a tiré les oreilles du loup.

5 Jean RENAULT a eu une récompense :
- ☒ on lui a donné la peau du loup.
- ☐ il a reçu une prime en argent.
- ☐ il a reçu une médaille.

3

Des mots en écho

VITESSE

1 a) Écris, dans la case, combien de fois le mot « buvard » est répété.

bureau - buteur - buvard - renard - bassin - retard - bavard - bandit - bancal - buvard - bélier - motard - regard - balade - brave - buvard - buse - Gérard - banane - hasard.

Juste après chaque mot **buvard**, il y a toujours un nom d'animal :
vrai ☐ faux ☐

b) Écris, dans la case, combien de fois le mot « voyage » est répété.

voisin - valise - voyage - lourd - bagage - tapage - vapeur - triste - voyage - beau - violet - vivant - rodage - voyage - sale - balayage - vilain - voyage - videz - pliage - voyager - voiture - voyage - rouge.

Juste après chaque mot **voyage,** il y a toujours un adjectif :
vrai ☐ faux ☐

2 a) Écris, dans la case, combien de fois le mot « banque » est répété.

BAIN - CHIEN MÉCHANT - BALLONS - BANQUE - ARMOIRE - BRIQUES - DISQUES - PHOQUES - BANQUE - CHEVAUX - CHÈQUES - BAOBAB - BANQUIER - PERROQUET - BALLON - BOBINE DE FIL - BLOUSES - CASQUE - BANQUE - BARQUES - BANC - BANQUE - CHAISE.

Juste après chaque mot **banque**, il y a toujours le nom d'un objet à quatre pieds ou d'un animal à quatre pattes :
vrai ☐ faux ☐

b) Écris, dans la case, combien de fois le mot herbe est répété.

une hache - de l'herbe - du houx - un hamac - hélas ! - une herbe - un rosier - des tomates - Henri - des herbes - un poireau - une jambe - un haricot - une bombe - un crabe - de l'herbe - des carottes - un hibou - une hotte - une herbe - du blé.

Juste après chaque mot **herbe(s)**, il y a toujours le nom d'une plante :
vrai ☐ faux ☐

Mot à mot

COMPRÉHENSION

A finir

1 **Le mot en rouge est répété plusieurs fois. Barre-le quand tu le rencontres. (Attention aux pièges !) Souligne aussi le titre du dessin caché dans la liste.**

a) un porc

un port de pêche - il porte un manteau - de la viande de porc - la porte du jardin - les pores de la peau - il est sale comme un porc - le port de Marseille - un parc bien propre.

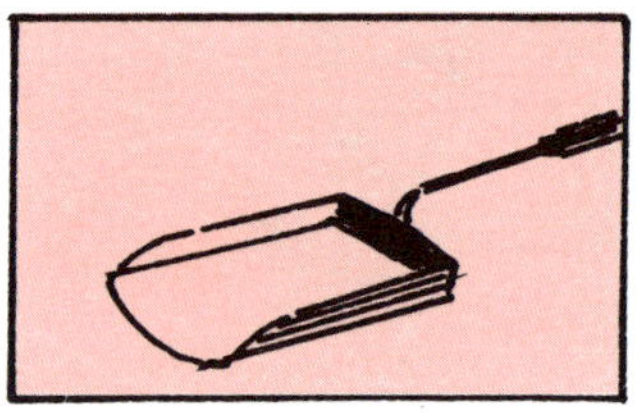

b) une selle

du sel de cuisine - une pelle à feu - une selle de cuir - une belle salle - de la colle - une selle de course - une belle ville - il sale sa soupe.

c) la niche

il est riche - la miche de pain - la niche du chien - une bande de mioches - une fiche de carton - il déniche les corbeaux - fiche-moi la paix ! - la biche et son faon.

d) du thon

il aime le thon - il scie un tronc - il pêche un thon - il a honte de lui - l'orage arrive : il tonne - le berger tond ses moutons - ton thon est trop cher !

2 **Le mot en rouge est répété plusieurs fois. Barre-le quand tu le rencontres. (Attention aux pièges !) Souligne aussi le titre du dessin caché dans la liste.**

a) du pain

il prend un bain - il plante un pin - il prend un pain et un croissant - le pan de mur est tombé - le panier est vide - une pomme de pin - c'est du pain dur.

b) le pont

la poule pond - la pompe est cassée - le petit pont de bois - le bateau entre au port - il passe sous le pont - l'animal fait des bonds - l'ouvrier construit un pont.

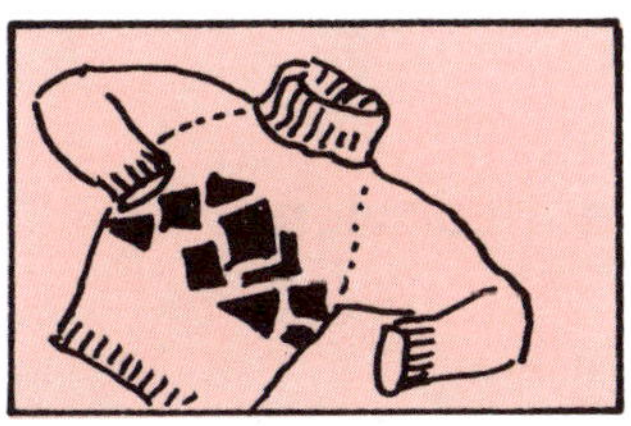

c) une pelle

une pile de livres - une pelle à charbon - une belle poule - un gros pull - une belle bille - il pèle sa pomme - il faut pelleter la neige - j'ai la peau qui pèle - une selle de cuir - la grosse pelleteuse - oh ! la belle pelle à tarte.

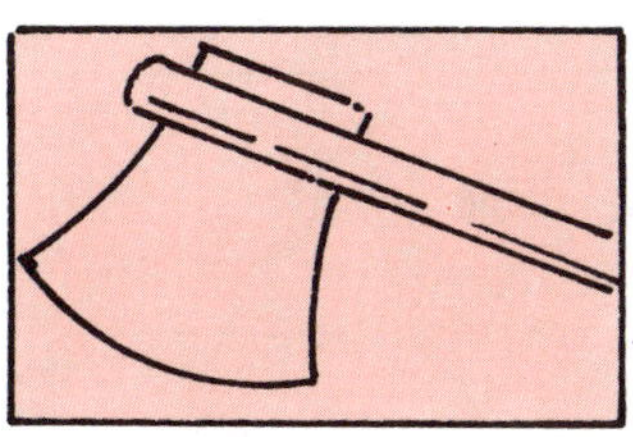

d) une chaîne

apporte une chaise - il plante un chêne - la mer de Chine - une chaîne en or - quel chic ! - la chaîne du vélo - un manteau en pure laine - les enfants font la chaîne - une hache.

Les faux frères

VITESSE

1 Dans chaque phrase, entoure celui des deux mots qui convient.

1 Après trois heures de travail mon grand frère a achevé / acheté son problème.

2 Le renard, effrayé, s'est sauvé / saucé dans la forêt.

3 Après une heure de vélo, le cycliste boit / doit trois grands verres de jus de fruits.

4 Un message secret est cassé / caché dans un coffre au grenier.

5 Pendant ses vacances, notre institutrice a bêché / pêché la truite.

2 Dans chaque phrase, entoure celui des deux mots qui convient.

1 Les cambrioleurs ont percé / bercé le coffre-fort et volé des bijoux.

2 Le jardinier a fait de bonnes affaires, il a fendu / vendu tous ses légumes au marché.

3 Le tireur à la carabine s'entraîne, il vise / visse le centre de la cible.

4 Les ouvriers ont pavé / bavé notre salle à manger avec de beaux carreaux rouges.

5 Pour calmer sa faim, Pierrot craque / croque une tablette de chocolat.

COMPRÉHENSION

Finale au choix !

1 Pour finir chaque phrase, Arthur te propose trois choix, coche le bon.

1 Je prends une bonne douche
- pour finir mon devoir. ☐ **a**
- pour être propre. ☒ **b**
- pour chauffer l'eau. ☐ **c**

2 Sylvie prend des médicaments
- pour balayer la cuisine. ☐ **a**
- pour soigner mon chien. ☐ **b**
- pour soigner sa grippe. ☒ **c**

3 La nuit tombe
- le soleil se lève. ☐ **a**
- la matinée est fraîche. ☐ **b**
- les premières étoiles apparaissent. ☒ **c**

4 Place le fromage
- au pôle Nord. ☐ **a**
- dans le frigo. ☒ **b**
- dans le réservoir d'essence. ☐ **c**

2 Pour finir chaque phrase, Arthur te propose trois choix, coche le bon.

1 Pierre est très intelligent
- il adore tricher. ☐ **a**
- il réussit tous ses problèmes. ☒ **b**
- il croque des stylos pour son goûter. ☐ **c**

2 Quand je suis trop fatigué
- je tire la corde. ☐ **a**
- je joue au ballon. ☐ **b**
- je me repose. ☒ **c**

3 L'équipe victorieuse criait très fort
- hourra ! ☒ **a**
- hélas ! ☐ **b**
- au secours ! ☐ **c**

4 Si j'ai la permission
- je crois que j'étais malade. ☐ **a**
- je crois que j'irai au cinéma. ☐ **b**
- je crois aux fantômes. ☒ **c**

5 J'ai bien réfléchi et j'ai décidé
- que le chat est très gentil. ☐ **a**
- que le ciel est à l'orage. ☐ **b**
- que j'irais en Amérique. ☐ **c**

MÉMOIRE

L'ours apprivoisé

On n'a pas enlevé de mots dans cette histoire, mais on a parfois séparé les groupes de mots par des « blancs ». Essaie de lire bien ensemble, chaque ligne et chaque groupe de mots. Surtout n'écris rien, tu le feras après pour les questions.

1

Gros ours vit dans la forêt.
Quand il est content
il grogne de plaisir
et casse un ou deux arbres   pour s'amuser.
Quand il est en colère
il grogne de rage
et casse cinq ou six arbres   pour se calmer.

2

Mais voilà,   hier,   en tombant d'un rocher,
Gros ours s'est cassé la patte
et,   maintenant,   il grogne de douleur.
Un bûcheron aperçoit le blessé   dans un fossé ;
Il court prévenir Monsieur le maire.
M. le maire file prévenir le vétérinaire.
Le vétérinaire se dépêche d'aller chercher un paysan
qui arrive   avec son tracteur et sa remorque.
M. le maire prend son fusil   (on ne sait jamais !)
et ils vont,   tous ensemble,   dans la forêt.

3

L'ours a très mal   et grogne de douleur.
Le vétérinaire lui fait une piqûre   pour l'endormir.
On le charge sur la remorque.
On le ramène à la mairie.
À son réveil,   Gros ours a la patte dans la plâtre
et il a la tête qui tourne.
Pour le réconforter,   on lui donne à manger :
deux gros poissons   et un pot de miel.
Gros ours mange de bon appétit
et s'endort tout content.

4

Au bout de quelques jours, il va déjà mieux
et se met à marcher en boitillant.
Les enfants de l'école viennent le voir
et lui apportent des poissons et des oranges.
Il ouvre la gueule toute grande
pour dire qu'il en veut encore.
Il se laisse caresser gentiment,
et amuse tout le monde en faisant des grimaces.

5

Maintenant, Gros ours est presque guéri,
et le facteur décide
de lui faire faire un petit tour.
Il l'emmène, avec lui,
pour la distribution du courrier.
Gros ours adore ça !
Le lendemain,
c'est lui qui porte le sac chargé de lettres.
Il se débrouille comme un chef :
il sonne aux portes, donne les colis
et salue les gens comme un vrai facteur.

6

Depuis ce jour-là,
Gros ours est très demandé :
Le mécanicien l'appelle
pour sortir une voiture du fossé.
Le menuisier l'appelle
pour soulever une grosse poutre.
M. le maire l'appelle
pour balayer la place de la mairie.
La maîtresse l'appelle
pour déplacer un meuble
ou séparer les enfants qui se battent, en récréation.
Gros ours est vraiment très, très, occupé.

7

Au conseil municipal
tout le monde fait des compliments de Gros ours.
Alors, pour le remercier,
on décide de lui acheter une grosse moto
avec le téléphone.
Gros ours est enchanté
et devient, bientôt, « l'homme-à-tout-faire » du village.

Il va et vient de la mairie à l'école,
du garage à la menuiserie.
Il fait, aussi, les commissions des grand-mères
qui ne peuvent plus marcher
ou il pousse les enfants sur la balançoire de l'école.

8

Mais un jour, catastrophe !
Gros ours est arrêté par les gendarmes :
Il n'a pas de permis et il roule à 150 à l'heure !
On lui confisque sa moto et on le met en prison.
Depuis, tout va mal au village :
Les lettres sont mal distribuées,
les enfants ne veulent plus aller à l'école
et le menuisier fait la grève.

9

– Ça ne peut plus durer, dit le maire, en colère ;
et il téléphone à Monsieur le ministre.
– Je vous préviens, si Gros ours ne sort pas de prison,
ce sera la révolution au village !
Le ministre est bien embarrassé :
– Votre ours sera libéré
si... si... s'il apprend, par cœur, le code de la route !
Alors, les enfants vont vite à la prison
donner des leçons à Gros ours.
Il sait bientôt reconnaître les panneaux
et lire : STOP, DANGER, HÔPITAL, PRIORITÉ À DROITE.
C'est un bon élève, il peut bientôt sortir
et passer son permis de conduire.

10

Tout le village organise une grande fête en son honneur.
Le maire a même invité Monsieur le ministre.
– Heureusement que notre ours est revenu, dit-il !
On ne peut plus se passer de lui.
Ici, au moindre problème
on téléphone à Gros ours et tout est réglé.
– Mais c'est merveilleux ! dit Monsieur le ministre,
Pouvez-vous me donner son numéro ?
– Mais bien sûr, c'est très facile :
les gendarmes, c'est le 17, les pompiers, c'est le 18
et Gros ours c'est le 35 !
– Oh ! merci mille fois, dit Monsieur le ministre,
je crois bien que je vais lui téléphoner aussi !

G. Rémond

QUESTIONS

Tu n'as pas le droit de regarder le texte pour répondre aux questions.

1 **Coche la bonne réponse :**
Gros ours s'est cassé la patte...
- ☐ en tombant d'un arbre.
- ☒ en tombant dans un fossé.
- ☐ en tombant d'un rocher.

2 Ils sont allés porter secours à l'ours blessé. Lequel a pris son fusil ?
Le vétérinaire ☒ le maire ☐ le paysan ☐ le bûcheron ☐

3 **Coche la phrase fausse :**
- ☐ On a transporté Gros ours à la mairie où on lui a plâtré la patte.
- ☐ On a transporté Gros ours à la mairie après lui avoir plâtré la patte.
- ☒ On a transporté Gros ours à la mairie avant de lui plâtrer la patte.

4 **Pourquoi Gros ours a-t-il été arrêté par les gendarmes ?**
Coche les bonnes réponses :
- ☐ parce qu'il n'avait pas son casque.
- ☐ parce qu'il roulait sans permis.
- ☐ parce qu'il roulait à gauche.
- ☒ parce qu'il roulait trop vite.
- ☐ parce qu'il ne respectait pas les feux.

5 **Dans ce passage de l'histoire, le pronom « lui » remplace parfois Gros ours, parfois le facteur. Précise-le à chaque fois, en cochant la bonne case.**

	Maintenant, Gros ours est presque guéri
l'ours ☐, le facteur ☒	*et le facteur décide de **lui** faire faire un petit tour.*
l'ours ☐, le facteur ☒	*Il l'emmène avec **lui***
	pour la distribution du courrier.
	Gros ours adore ça !
l'ours ☐, le facteur ☒	*Le lendemain, c'est **lui** qui porte le sac chargé de lettres.*

6 **Quel est le numéro de téléphone de Gros ours ?**
17 ☐ 18 ☐ 15 ☐ 35 ☒ 19 ☐
As-tu deviné pourquoi on lui avait donné ce numéro-là ?

Les messages secrets

VITESSE

1 *Le message secret*

1 Cherche, dans la liste, tous les mots qui commencent par « m » et entoure le mot qui vient juste après.

2 Lis ensemble tous les mots entourés et tu connaîtras le message secret.

1 air	21 mûr
2 fer	22 vont
3 mur	23 mât
4 Luc	24 ski
5 pot	25 roi
6 eau	26 dos
7 mer	27 bus
8 avec	28 col
9 blé	29 mal
10 bec	30 avril
11 oie	31 thé
12 sud	32 sûr
13 rat	33 vie
14 fou	34 nid
15 mot	35 gel
16 ami	36 fil
17 lit	37 coq
18 clé	38 six
19 gaz	39 oui
20 feu	40 zut !

Coche le bon message

☐ **a)** Luc et son ami vont aller à la mer.

☐ **b)** Luc et son ami vont au ski en avril.

☐ **c)** Luc dit qu'il a mal au dos et au cou.

2 *Les deux messages secrets*

Premier message

1 Cherche les mots qui commencent par « b » et entoure le mot qui vient juste après.

2 Recopie dans l'ordre les mots entourés. Ils forment un message secret ; écris-le en faisant une phrase complète.

1 avis	23 doux
2 père	24 hier
3 allez	25 gare
4 verre	26 sœur
5 vert	27 avion
6 brun	28 bref
7 Éric	29 avec
8 jeudi	30 note
9 pays	31 brin
10 toit	32 pain
11 biche	33 mère
12 doit	34 non
13 voir	35 parc
14 tante	36 dame
15 Paris	37 par
16 but	38 bille
17 venir	39 lait
18 mari	40 bal
19 par	41 café
20 chat	42 Paul
21 bois	43 train
22 camping	44 frein

Deuxième message

3 Cherche tous les mots qui désignent une personne et souligne celui qui vient juste après.

4 Recopie dans l'ordre les mots soulignés. Ils forment un message secret ; écris-le en faisant une phrase complète.

Le labyrinthe

COMPRÉHENSION

1 **Trace le chemin pour aller du mot « gaz » au mot « dixième ». Tu dois toujours passer par des cases où on entend « z » comme dans *gazon, rose ou exemple* :**

	A	B	C	D	E
1	**du gaz**	aussi	le corps	le prix	la clé
2	la phrase	du poison	la case	dessiner	des noix
3	du citron	le cinéma	l'oiseau	ensemble	le nez
4	la culotte	du sable	poser	l'escalier	le contraire
5	à travers	stop	la chemise	l'addition	un poisson
6	le spectacle	la boxe	un zéro	le deuxième	**le dixième**

1 **Colorie les cases où les lettres x, z, ne s'entendent pas comme dans la paix.**

2 Chaque mot peut être **repéré** par **un chiffre et une lettre**.
Exemple 3 A = du citron   4 D = l'escalier.

Lis ces phrases en retrouvant les mots remplacés par les repères. Coche les bonnes cases.

Hier, je suis allé au (3 B) voir un beau
☐ (3 E)
☐ (6 A)
☐ (6 C)

J'ai perdu
☐ (1 E)
☐ (4 A) pour ouvrir ma porte.
☐ (5 E)

3 Du (5 E) fait avec une sauce au (2 B) ; c'est excellent pour la santé.
vrai ☐   faux ☐

2 Trace le chemin pour aller du mot « acrobaties » au mot « sensationnel ! » Tu dois toujours passer par des cases où la lettre « t » se prononce /s/ comme dans rédac_t_ion, égyp_t_ien ou idio*t*ie.

	A	B	C	D	E
1	**des acrobaties**	un bâtiment	construire	pharmacie	de la peinture
2	mes initiales	des pétales	partager	des sentiments	Etienne
3	l'addition	une idiotie	l'idiote	une farce	un tracteur
4	des confitures	la correction	trotter	ramasser	photographier
5	partir	une potion	un pâturage	un rosier	des gommettes
6	le dentiste	confidentiel	la patience	des questions	des carottes
7	le train	hésiter	l'action	Christian	La sauterelle
8	exister	ma pointure	la punition	les élections	la toiture
9	une fourchette	la minuterie	du catch	c'est essentiel	**sensationnel !**

Chaque mot peut être **repéré** par **un chiffre et une lettre.**

Exemple : 3 A = l'addition 8 E = la sauterelle

Trouve les mots remplacés par leurs repères et coche la bonne réponse :

1 On peut manger 4 A, c'est délicieux ! vrai ☐ faux ☐
2 5 D donne des fruits savoureux. vrai ☐ faux ☐
3 On se sert de 9 A pour manger 6 E. vrai ☐ faux ☐
4 8 E protège les maisons de la pluie. vrai ☐ faux ☐
5 Dans son métier, 6 A utilise souvent 3 E. vrai ☐ faux ☐

Le 15/09/06

VITESSE

Les mots attachés

1 **Les réponses aux devinettes sont cachées dans les mots attachés. Cherche-les.**

Je suis un long animal qui rampe sans bruit. Je peux étouffer une biche et l'avaler en une seule bouchée : c'est moi le boa.

coufemmeclébilleavionsœurhommeboasac

Combien de personnes sont aussi cachées dans ce grand mot bizarre ?

0 personne ☐ 3 personnes ☒ 6 personnes ☐

Je suis une pierre blanche et fragile. En classe, la maîtresse se sert de moi pour écrire au tableau : je suis la craie.

Chocolatcailloucraiecamioncarameltartesablebonbon

Combien de gourmandises sont aussi cachées dans ce grand mot ?

1 gourmandise ☐ 4 gourmandises ☒ 5 gourmandises ☐

2 **Les réponses aux devinettes sont cachées dans les mots attachés. Cherche-les.**

Si on me jette dans l'eau bouillante, je donne une boisson que les Anglais aiment beaucoup : je suis le thé.

Jeudicanarihirondellepaincorbeauperroquetfemmethépie

Combien d'oiseaux sont aussi cachés dans ce grand mot bizarre ?

3 oiseaux ☐ 4 oiseaux ☐ 5 oiseaux ☒ 6 oiseaux ☐

Je suis caché sous la terre ou sous la mer ; sans moi, toutes les autos resteraient au garage. Je suis le pétrol.

Rosechevalétoilevioletteetulipepétrolecoquelicotmuguettantelilas

Combien de fleurs sont aussi cachées dans ce grand mot bizarre ?

3 fleurs ☐ 4 fleurs ☐ 5 fleurs ☐ 6 fleurs ☒

COMPRÉHENSION

Comme sur les livres du Moyen Âge

1 **Voici cinq phrases et cinq titres. Relie chaque phrase à son titre. Les mots des phrases ne sont pas séparés par des espaces blancs[1] ; mets des traits, si tu veux.**

1 Cematin,j'aimismaculotteàl'envers. ☐ ○ A - CADEAU D'ANNIVERSAIRE.

2 Aumenu,àmidi,ilyadesfrites,dufromageetdesfruits. ☐ ○ B - COMME LE ROI DAGOBERT !

3 Pourmesneufansmesparentsm'achètentungrandvélo. ☐ ○ C - UNE BONNE QUESTION.

4 Quandjeseraigrand,jeseraipiloted'hélicoptère. ☐ ○ D - MON FUTUR MÉTIER.

5 As-tupostémalettreenallantàl'école ? ☐ ○ E - LE DÉJEUNER.

2 **Voici cinq titres et cinq phrases. Relie chaque titre à sa phrase. Les mots des phrases ne sont pas séparés par des espaces blancs[1], mets des traits, si tu veux.**

A - MON JEU PRÉFÉRÉ. ☐ ○ 1 L'explorateurs'estperdudanslaforêtvierge.

B - JE SUIS MALADE. ☐ ○ 2 J'aimebienjoueraux billesavecmescopains.

C - RETROUVERA-T-IL SON CHEMIN ? ☐ ○ 3 Jeregardetrèssouventdansledictionnaire.

D - UNE FILLE TRAVAILLEUSE. ☐ ○ 4 Àcausedufroidj'aiattrapéunrhumeépouvantable.

E - UN GROS LIVRE PLEIN D'IDÉES. ☐ ○ 5 Masœurpasseunexamenpourdevenirinspecteurdepolice.

1. Sur les manuscrits du Moyen Âge, on écrivait sans séparer les mots par des espaces blancs.

RECHERCHE

Un chat est un chat

En lisant cette histoire avec les yeux, tu devineras facilement les mots cachés. Si tu hésites, ils sont tous dans la liste, à la fin du texte.

1

Julien s'en allait découvrir le monde. Il avait tout juste 16 ans et une grosse pièce d'argent en poche.

Son père lui avait dit :

– Cherche du travail et reviens nous voir quand tu auras gagné deux autres [redacted][1].

2

Au premier soir, notre Julien s'arrête dans une auberge et demande à souper.

Un chat bien gras se promène en[redacted][2] les jambes des clients :

– Oh ! le beau chat, s'é[redacted][3] Julien.

– Beau et intelligent, ajoute l'aubergiste... Savez-vous, monsieur, qu'il peut vous tenir la chandelle sans bouger pendant tout le repas ?

– Ça, dit Julien, je voudrais b[redacted][4] le voir pour y croire !

– Je vous parie 100 F, lance l'aubergiste.

– Pari tenu !

Et notre Julien sort sa belle pièce toute neuve...

On installe le chat sur la table, il s'assoit gentiment sur son derrière. On lui fourre entre les pattes une grosse chan[redacted][5] allumée. Il la tient bien droite, sans bouger, jusqu'au dessert : il était bien dressé.

L'aubergiste, tout content, empoche la pièce... et Julien, tout penaud, retourne à la mai[redacted][6] raconter son aventure.

3

– Allons, lui dit son père, c'est là un bien petit malheur !

Puis, il ajouta avec un sourire :

– Mais laisse-moi faire, je vais aller récupérer l'argent que tu as per[redacted][7].

Il met son pantalon et sa veste du dimanche, il met son chapeau et... en route !

En chemin, il attrape une mignonne petite souris et la glisse dans son cha[redacted][8] tout là-haut sur sa tête.

Le voici arrivé à l'auberge :

– Bonjour, l'ami ! On peut souper ?

– Mais bien sûr, mon bon mon[redacted][9], dit l'aubergiste, vous pouvez même souper aux chandelles !

Et tout en parlant, il envoie son gros chat rôder sous les tables.

4

En attendant la soupe, le père fait semblant de se gratter la tête. D'une main, il attrape la sou[redacted][10], de l'autre, il attrape le chapeau. Il le pose sur la nappe blanche et glisse dessous la petite souris.
L'aubergiste revient avec la soupe fumante. C'est le moment d'en profiter :
– Oh ! le beau ch[redacted][11] que vous avez là !
– Beau et intelligent, récite l'aubergiste qui sait sa leçon par cœur. Savez-vous, Monsieur, qu'il peut vous tenir la chandelle sans bou[redacted][12] pendant tout le repas !
– Ça, je voudrais bien le voir pour y croire !
– Je vous parie 100 F.
– Pari te[redacted][13], dit le père, en souriant.

5

On attrape le chat, on lui glisse la chandelle entre les pat[redacted][14] et il reste là, sans bouger, jusqu'au fromage.
Juste avant le dessert, le père lève un peu son chapeau... patatra, le chat voit la souris, il lâche sa chandelle et bondit sur la bestiole : quel charivari !
L'aubergiste arrive et voit les dégâts. Il a perdu son p[redacted][15] et le père, triomphant, lui réclame ses sous.
Tel est pris qui croyait prendre !

D'après Frédéric Mistral, *Nouvelle Prose d'almanach*, B. Grasset

Liste des mots cachés : 1 pièces - **2** entre - **3** s'écrie - **4** bien - **5** chandelle - **6** maison - **7** perdu - **8** chapeau - **9** monsieur - **10** souris - **11** chat - **12** bouger - **13** tenu - **14** pattes - **15** pari.

QUESTIONS

TB

Tu dois chercher dans l'histoire pour bien répondre aux questions.

1 **Entoure le numéro du paragraphe** où le père de Julien attrape la souris.

§1 §2 (§3) §4 §5

2 Compte combien de fois le mot aubergiste est écrit dans cette histoire et **coche ta réponse :**

5 fois ☐ 7 fois ☒ 12 fois ☐ ... fois ☐

3 Les trois phrases suivantes sont-elles **exactement** celles de l'histoire ?

a) Juste après le dessert, le père a levé un peu son chapeau.
oui ☐ non ☒

b) Un chat bien gros se promène entre les jambes des clients.
oui ☐ non ☒

c) L'aubergiste revient avec la soupe fumante.
oui ☒ non ☐

4 **Coche la bonne réponse.**

Julien était tout **penaud** en retournant chez ses parents. Cela veut dire :

a) qu'il était très content. ☐
b) qu'il était très embêté. ☒
c) qu'il était très en colère. ☐

Les animaux sont moins bêtes qu'on le pense !

RECHERCHE

Si les animaux ne sont pas aussi intelligents que les hommes, certains sont capables d'apprendre comme eux. Voici quelques exemples :

1 Un merle appelé Arli imite parfaitement la sonnerie d'un téléphone.

2 Lucy est un chimpanzé qui connaît 130 mots. En faisant des gestes, il peut dire les phrases suivantes :
- Donne... bonbons.
- Chatouille...moi...encore.
- Moi...pleurer.

3 Le gorille Koko va à l'école depuis douze ans. Il sait dire, par gestes, 1 000 mots. Il a un chat pour ami et sait dire : « doux...gentil...chat. » Il est même capable de dire des mensonges.

4 Un singe américain sait prendre des photos avec un appareil.

5 Des oies apprivoisées comprennent très bien leur maître quand il parle comme elles en disant : « Ganguinegang, gangangangan. »

6 Un éléphant d'Asie sait écrire 10 mots en tenant un énorme crayon avec sa trompe.

7 Un perroquet chante très bien *la Marseillaise* avec l'air et les paroles.

QUESTIONS

Cherche, dans le texte, des exemples pour chaque phrase ci-dessous.

1 Certains animaux sont capables de dire qu'ils sont tristes.
Exemple n° ...

2 Certains animaux sont capables de dire qu'ils aiment bien quelque chose ou quelqu'un.
Exemples n° ... et n° ...

3 Certains animaux sont capables d'imiter la voix humaine.
Exemple n° ...

4 Certains animaux sont capables de dessiner des lettres.
Exemple n° ...

5 Certains animaux sont capables d'utiliser des appareils très compliqués.
Exemple n° ...

5 Bilan

MAJUSCULES et minuscules

VITESSE

1 **Vérifie que chaque liste reprend exactement tous les mots accompagnant le dessin. Coche, dans les listes, les mots faux, ou oubliés sur le dessin**

A

- [ ] *DRAP*
- [ ] *COFFRE*
- [x] *OREILLE*
- [ ] *ÉDREDON*
- [ ] *MATELAS*
- [ ] *PIED DE LIT*
- [ ] *TÊTE DE LIT*
- [ ] *COUVERTURE*

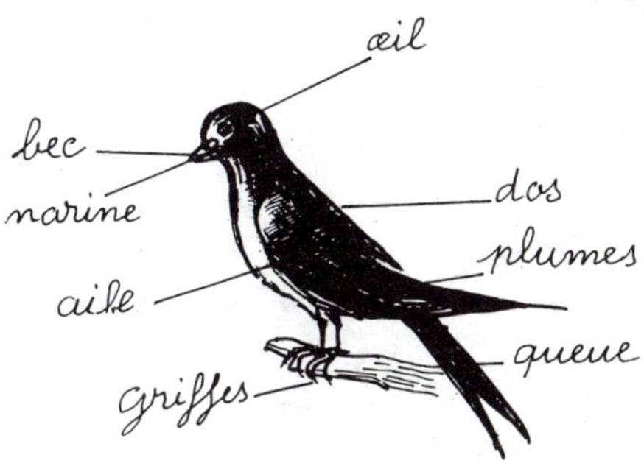

B

- [ ] *BEC*
- [ ] *DOS*
- [ ] *ŒIL*
- [ ] *AILE*
- [ ] *QUEUE*
- [ ] *MARINE*
- [ ] *PLUMES*
- [ ] *GRIFFES*

C

- [ ] *COU*
- [ ] *NEZ*
- [ ] *YEUX*
- [ ] *FRONT*
- [ ] *DENTS*
- [x] *JOUET*
- [ ] *MENTON*
- [x] *CHEVAUX*

2 **Vérifie que chaque liste reprend exactement tous les mots accompagnant le dessin correspondant. Coche, dans les listes, les mots faux ou oubliés sur le dessin.**

A

- ☐ LAIT
- ☐ PAIN
- ☐ FRUITS
- ☐ FRITES
- ☐ BEURRE
- ☒ BRUYÈRE
- ☐ CAMEMBERT
- ☐ CORNICHONS

B

- ☐ RAT
- ☐ LAPIN
- ☐ LÉZARD
- ☐ RENARD
- ☐ BROCHE
- ☐ MOUTON
- ☒ SOURIRE
- ☐ CHEVREUIL

C

- ☐ ROSE
- ☒ LILAS
- ☐ TULIPE
- ☐ MUGUET
- ☐ VOILETTE
- ☐ COQUELICOT
- ☒ MARGUERITE
- ☐ PÂQUERETTE

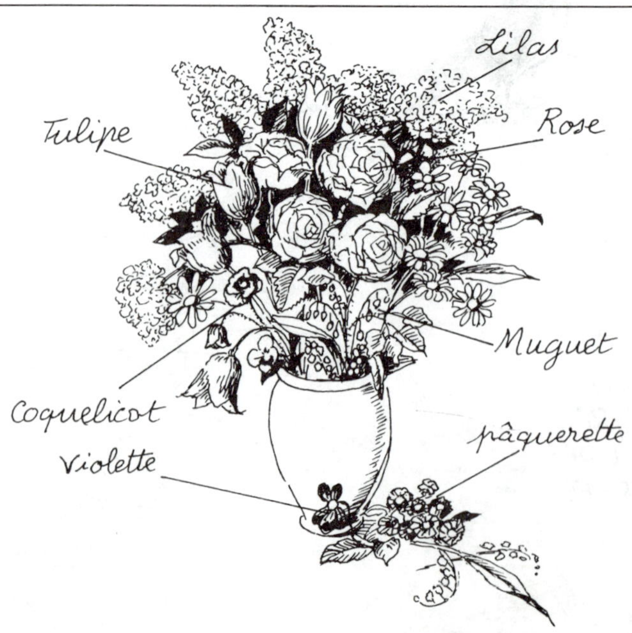

Colliers de mots (III)

COMPRÉHENSION

1 **Tu sais comment est fait un collier de mots. Vérifie ces quatre colliers et coche la case s'ils sont mal faits.**

> Règle de construction des colliers :
> Le premier mot nomme une action que tu fais parfois en classe, le deuxième mot nomme un ustensile de cuisine. Tu as donc une action... un ustensile, etc.

1 ☐ Écrire - une casserole - dessiner - une cuillère - chanter - une marmite - réfléchir - un couteau - lire - un livre - apprendre - un saladier.

2 ☐ Gommer - une fourchette - réciter - une assiette - compter - une cocotte-minute - écouter - un avion - découper - une tasse.

3 ☐ Rire - la soupière - ranger - le sucrier - parler - la cafetière - pleurer - des oignons - un bol - éteindre - un pot à eau.

4 ☐ Peindre - une écumoire - mesurer - une girafe - bégayer - la salière - se salir - une poêle - balayer - la cuvette - chuchoter - une carafe.

2 **Tu sais comment est fait un collier de mots. Vérifie ces quatre colliers et coche la case s'ils sont mal faits.**

> Règle de construction des colliers :
> Le premier mot nomme un jeu, le deuxième mot nomme un animal. Tu as donc un jeu... un animal, etc.

1 ☐ La marelle - une chienne - les billes - un âne - les cartes - un sac - le loto - la pie - le foot - l'écureuil - la pétanque - un cheval.

2 ☐ Le ballon prisonnier - un loup - les quilles - une hirondelle - les dés - un lézard - les dominos - un canari - chat perché - un chat - les échecs - un château.

3 ☐ La corde à sauter - une pie - la dînette - une souris - le ping-pong - une mouche - le scrabble - un pou - un puzzle - un éléphant - la course - une puce.

4 ☐ cache-cache - le lapin - le toboggan - le bouledogue - les patins à roulettes - la fourmi - la balançoire - la baleine - le tennis - le pêcheur - le billard.

VITESSE

Une phrase, une image

1 **Donne à chaque phrase la lettre du dessin qui l'illustre ; attention aux pièges... il y a des dessins en trop !**

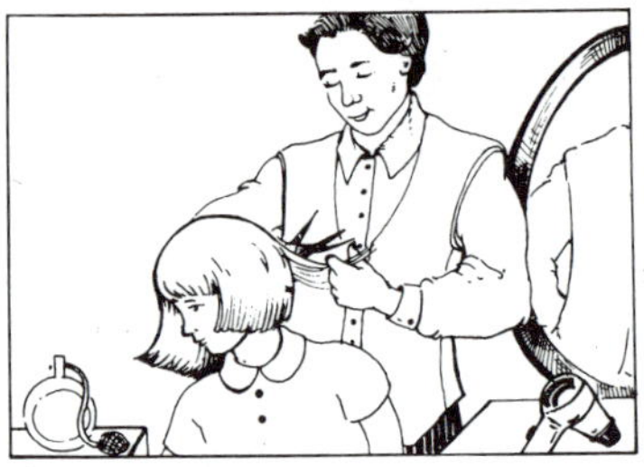

A

1
Qu'il est beau ce château avec ses quatre tours et son petit drapeau ! Dommage qu'il soit en sable ! ☐

F

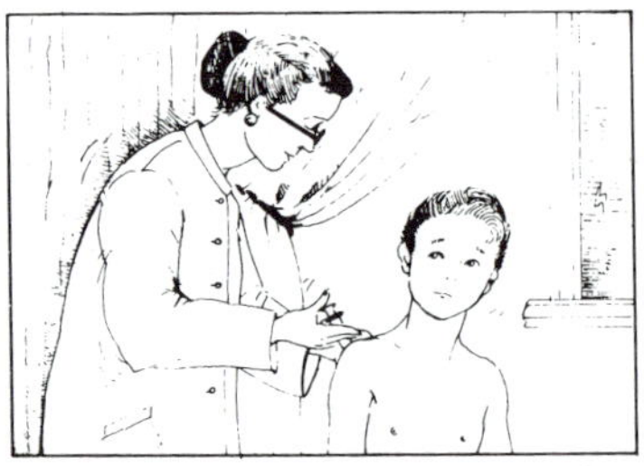

B

2
Pour la fête, Christelle a peigné ses cheveux et dessiné sur ses joues un beau paysage d'hiver. ☐

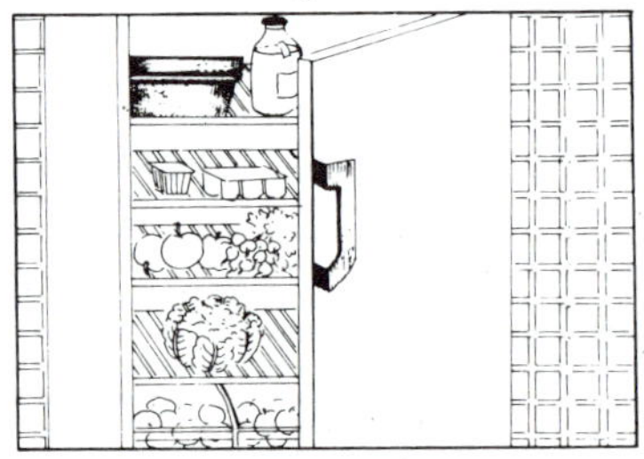

G

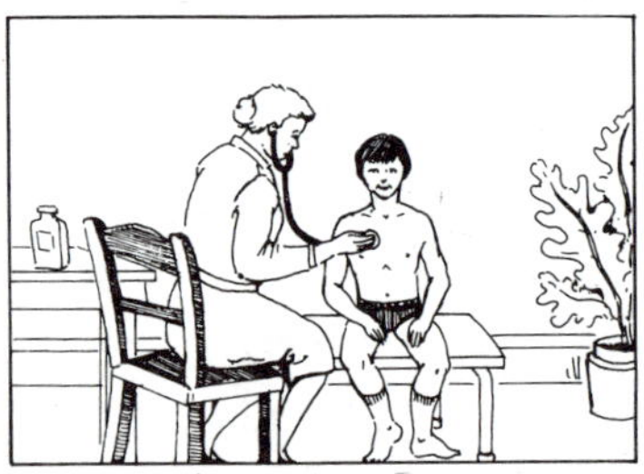

C

3
Arthur a encore laissé la porte ouverte : quel étourdi ! Sa mère va devoir jeter ce qu'elle avait mis dans le réfrigérateur. ☐

H

D

4
Arthur est torse nu et n'est pas trop rassuré... Mais, finalement, une piqûre dans le dos, ce n'est rien du tout ! ☐

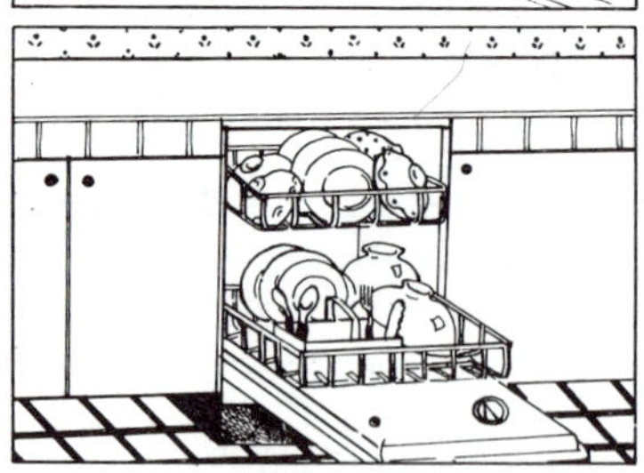

I

E

5
Tout le village est rassemblé devant le monument aux morts. Les gens écoutent le discours de M. le maire. ☐

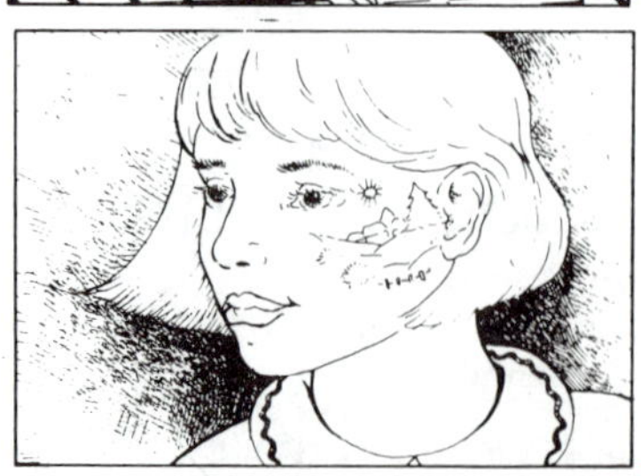

J

2 **Donne à chaque phrase la lettre du dessin qui l'illustre ; attention aux pièges... il y a des dessins en trop !**

A

1
Concert à l'école de musique. Deux enfants exécutent un morceau au violon et à la trompette. ☐

F

B

2
Tout le monde attend patiemment devant les caisses : le film commence dans une demi-heure. ☐

G

C

3
Ce bébé est adorable et madame Arthur en prend grand soin : tout en tricotant, elle discute avec lui. ☐

H

D

4
Ils sont tous là à se bousculer et à se disputer les graines que leur distribue cet amoureux des pigeons. ☐

I

E

5
À l'approche de Noël les devantures se font belles : filles et garçons vont rêver longtemps devant celle-ci. ☐

J

Des mots déplacés

COMPRÉHENSION

1 **Dans chacune de ces phrases, un mot a été déplacé ; à toi de le retrouver et d'indiquer, par une flèche, sa vraie place comme au n° 1.**

1 Un grave incendie a éclaté hier, dans un grand magasin, près de l'école. Les pompiers sont très vite arrivés les sur / lieux avec leur grande échelle.

2 Notre lave-vaisselle est en panne : toute la famille a été mobilisée laver pour et essuyer les verres, les assiettes, les couverts et les casseroles.

3 C'est l'hiver et la montagne est toute habillée de blanc. Le vent froid souffle et mord rouges les joues des passants.

4 Une énorme baleine et son baleineau s'amusent au milieu de l'océan : ils sautent, ils plongent font et ensemble mille cabrioles.

5 Après le match, les joueurs se retrouvent autour énorme d'un gâteau pour fêter leur victoire.

2 **Dans chacune de ces phrases, un mot a été déplacé ; à toi de le retrouver et d'indiquer, par une flèche, sa vraie place comme au n° 1.**

1 Notre maître est un excellent pêcheur : dimanche il a pris un gros brochet pèse qui / plusieurs kilogrammes.

2 Les jardiniers de la ville ont planté des tulipes qui décoreront la place du marché, printemps au prochain.

3 En sautant parachute en, Pierre est tombé au milieu d'une mare et a pris un bon bain froid.

4 La chaudière de monsieur Rousseau est en tombée panne dimanche dernier. Heureusement le technicien est venu la réparer le jour même.

5 Notre chat est un excellent chasseur : chaque jour il attrape une ou deux souris... qu'il apporte nous, gentiment, au dessert !

MÉMOIRE Enquête auprès d'un chamelier

1 **Lis attentivement ces cinq questions et ces cinq réponses.**

1 ***Y a-t-il plusieurs sortes de chameaux ?***
Il y a deux grandes familles de chameaux :
a) Les chameaux à deux bosses et à longs poils qui vivent surtout dans les régions froides d'Asie.
b) Les chameaux à une bosse qu'on appelle aussi des dromadaires qui vivent surtout en Afrique.

2 ***Combien de temps un dromadaire peut-il rester sans boire ?***
Lorsqu'il fait très chaud au Sahara, un dromadaire peut rester une dizaine de jours sans boire... Après, il avalera 120 litres d'eau en 10 minutes !

3 ***On dit parfois que la bosse d'un chameau est pleine d'eau. Est-ce vrai ?***
C'est faux. Les bosses des chameaux ne sont pas des poches d'eau, mais des réserves de graisse.

4 ***Est-ce qu'un chameau peut courir ?***
Oui, un chameau peut courir très vite. Toutefois, s'il est moins rapide qu'un cheval, il peut trotter beaucoup plus longtemps que lui (16 heures sans s'arrêter).

5 ***À quoi servent les chameaux ?***
Le chameau domestique est une bête très utile dans certaines régions :
– avec une selle sur le dos il transporte des gens ;
– avec un bât (sorte de gros sac) il transporte des marchandises (300 kg), c'est utile là où il n'y a pas de camions ou de trains ;
– il donne son lait pour la nourriture ;
– il donne son crottin pour faire du feu ;
– il donne son poil pour tisser des vêtements ;
– il donne sa peau pour faire des sandales et des selles de cuir.

Les hommes du désert disent : « Donne-moi un chameau, une selle et une tente et je serai très heureux. »

Maintenant, réponds aux questions page 53.

RECHERCHE

Le dromadaire savant

Lis ce texte avec les yeux. Tu devras ensuite le lire à haute voix, en disant bien ensemble tous les mots d'un même groupe comme ceux qui sont entourés en première ligne.

1

Un jeune dromadaire	→	avait envie d'apprendre à lire :
il voulait	→	devenir savant.
Il se présente, donc,	→	un beau matin,
à la porte de l'école.		
Le maître l'installe		dans le fond de la classe
vers la table de l'ordinateur.		
Les enfants lui prêtent		un livre de lecture
et notre dromadaire se met,		gentiment,
à lire, à écrire, à écouter,		à bavarder ou à se moucher
comme tous les enfants.		
De temps en temps,		il se met aussi à rêver ou à dormir
comme tous les enfants.		
En somme,		c'est un très bon élève.

2

Il a un peu de mal	→	pour l'écriture,
mais	→	il adore la lecture.
Il lit, par exemple,		très, très vite :
un château, un chapeau,		un chameau, un sabot,
ou encore : un dromadaire,		un militaire, un vétérinaire.
Il ne confond pas		un chameau avec un dromadaire
ni un chapeau		avec une soupière,
ni un éléphant		avec une petite cuillère.
C'est un dromadaire		qui est déjà très savant.

3

Les enfants	→	l'aiment beaucoup.
En récréation,	→	les petits jouent au tobbogan sur sa bosse
et les grands		jouent au ballon avec lui.
À la fête de Noël,		il raconte l'histoire des rois mages

qui traversent le désert,		à dos de chameau,
en suivant une étoile.		
C'est très joli		et tout le monde applaudit.

4

Mais, un jour,	→	Guillaume dit au maître :
– Monsieur,	→	Cédric est un âne,
il a écrit un lapins		avec un s,
deux lapinss avec deux s,		trois lapinsss avec trois s.
– Ce n'est pas vrai,		a protesté le dromadaire :
Cédric n'est pas un âne.		Moi, les ânes, je les connais.
Et toute la classe		s'est mise à rire.

5

Une autre fois,	→	c'est Marie-Luce qui s'écrie :
– Monsieur,	→	Thibaut est un cochon,
il a sali mon cahier.		
– Ce n'est pas vrai,		a protesté de nouveau le dromadaire,
Thibaut n'est pas un cochon.		Moi, les cochons, je les connais.
Et toute la classe		s'est mise à rire, en se moquant de lui.

6

Cette fois,	→	le dromadaire s'est fâché, tout rouge,
et a mordu Guillaume	→	qui riait le plus fort.
– Sale chameau,		sale chameau, a crié Guillaume !
– Ce n'est pas vrai,		a hurlé, très fort, l'animal,
je ne suis pas un chameau,		
je suis un DROMADAIRE,		moi,
et je suis plus PROPRE		que toi,
affreux bonhomme !		
Les enfants		ne riaient plus ;
ils étaient bien embêtés		
d'avoir fait de la peine		à leur ami.

7

Depuis ce jour-là,		
ils font très attention	→	en parlant,
surtout	→	devant un dromadaire savant,
car		les animaux ont leur fierté :
les ânes		n'aiment pas
qu'on les prenne		pour des hurluberlus,
les cochons		ne sont pas si sales qu'on le dit
et les dromadaires		sont moins chameaux qu'on le pense.

G. Rémond

QUESTIONS

Tu peux te servir du texte pour répondre aux questions.

1 Voici des photos du dromadaire prises à différents moments de l'histoire. Note sous chacune le paragraphe qu'elle pourrait illustrer :

Paragraphe n° ☐

Paragraphe n° ☐

Paragraphe n° ☐

2 Qui parle ?

Monsieur, Cédric est **un âne** !

Sale chameau, **sale chameau** !

Ce n'est pas vrai,
Thibaut n'est pas **un cochon** !

3 Coche la bonne case

« Sale chameau ! sale chameau ! »

L'enfant qui parle veut dire
- ☐ « espèce de brute »
- ☐ « espèce d'animal à deux bosses »

« Je ne suis pas un chameau »

Le dromadaire veut dire
- ☐ « Je ne suis pas une brute »
- ☐ « Je ne suis pas un animal à deux bosses »

♣ Que sais-tu des chameaux ?

RECHERCHE

Coche la réponse que tu choisis, puis colorie les différentes parties numérotées du chameau selon la couleur qui convient.
Tu ne dois pas regarder le texte pour répondre aux questions.

1	Le dromadaire n'a qu'une bosse, le chameau d'Asie en a deux.	vrai ☐ jaune	faux ☐ vert
2	Un dromadaire peut rester un mois sans boire du tout.	vrai ☐ vert	faux ☐ jaune
3	Les dromadaires vivent surtout en Afrique.	vrai ☐ rouge	faux ☐ vert
4	Un chameau peut porter jusqu'à 300 kg de bagages.	vrai ☐ rouge	faux ☐ vert
5	Un chameau court plus longtemps qu'un cheval.	vrai ☐ rouge	faux ☐ vert
6	Les chameaux des pays froids d'Asie n'ont pas de longs poils.	vrai ☐ vert	faux ☐ jaune
7	Si la bosse d'un chameau est bien gonflée, c'est qu'elle est pleine d'eau.	vrai ☐ vert	faux ☐ jaune
8	Le poil du chameau est utilisé pour faire des vêtements.	vrai ☐ jaune	faux ☐ vert
9	On peut voyager et même dormir, bien assis entre les deux bosses d'un dromadaire.	vrai ☐ vert	faux ☐ jaune
10	Tous les dromadaires sont des chameaux, mais tous les chameaux ne sont pas des dromadaires.	vrai ☐ jaune	faux ☐ vert

Pour savoir si tu connais bien les chameaux, lis les réponses page 71.

6

Deux costumes pour un mot ! (II)

VITESSE

1 **Chaque mot a été écrit deux fois, en majuscules et en minuscules... mais il y a des faux jumeaux. Trouve-les et coche les cases correspondantes. (Exemple : poule et BOULE)**

une coccinelle	☐	☐	DÉSERT	DE L'AIR	☐	☐	copain
un dessert	☐	☒	BOULE	DU SANG	☐	☐	pigeon
un carrosse	☐	☐	HÉRISSON	LA FOULE	☐	☐	air
une girafe	☐	☐	COCCINELLE	UN CHOC	☐	☐	sang
une punaise	☐	☐	CARROSSE	UNE CARAFE	☐	☐	foudre
un hérisson	☐	☐	GIRAFE	UN PIGEON	☐	☐	carafe
une poule	☒	☐	PUNAISE	UN COPAIN	☐	☐	chou

une chèvre	☐	☐	BRUYÈRE	DES OREILLES	☐	☐	fièvre
un abricot	☐	☐	PANTOUFLES	DU CAMEMBERT	☐	☐	souffle
un mécanicien	☐	☐	ABRICOT	LA DANSE	☐	☐	électricien
une douzaine	☐	☐	BALAI	LE NUMÉRO	☐	☐	oreilles
un balai	☐	☐	MÉCANICIEN	LE LIÈVRE	☐	☐	camembert
du gruyère	☐	☐	DIZAINE	LE SOUFFLE	☐	☐	danse
des pantoufles	☐	☐	CHÈVRE	L'ÉLECTRICIEN	☐	☐	numéro

2 **Chaque mot a été écrit deux fois, en majuscules et en minuscules... mais il y a des faux jumeaux. Trouve-les et coche les cases correspondantes.**

le pied	☐	☐	INSECTE	L'HÉLICOPTÈRE	☐	☐	poil
du drap	☐	☐	POÊLE	UNE PUCE	☐	☐	papier
un poêle	☐	☐	LION	DU SPARADRAP	☐	☐	description
un lion	☐	☐	ANANAS	UN TEXTE	☐	☐	puce
une rédaction	☐	☐	DRAP	UNE INSCRIPTION	☐	☐	texte
un ananas	☐	☐	PIED	DU POIL	☐	☐	sparadrap
un insecte	☐	☐	RÉDUCTION	DU PAPIER	☐	☐	hélicoptère

le feuillage	☐	☐	CONJUGAISON	UNE PHOTO	☐	☐	coquillage
un cerf-volant	☐	☐	VALISE	UN MAGNÉTOPHONE	☐	☐	examen
la valise	☐	☐	BŒUF	DES CISEAUX	☐	☐	chauve-souris
un téléphone	☐	☐	BOUÉE	LA SIRÈNE	☐	☐	photo
la conjugaison	☐	☐	CERF-VOLANT	UN COQUILLAGE	☐	☐	ciseaux
la buée	☐	☐	FEUILLAGE	UNE CHAUVE-SOURIS	☐	☐	magnétophone
un œuf	☐	☐	SAXOPHONE	UN EXAMEN	☐	☐	sirène

COMPRÉHENSION

Des mots qui chantent en chœur (I)

1 Te souviens-tu des comptines que tu as apprises à l'école maternelle, comme celle-ci ?
Un parapluie pour Sylvie, Un mouton pour Lison, Un taxi pour Nelly
Voici d'autres comptines, coche les lignes où les deux mots en rouge ne vont pas bien ensemble. Pour ne pas faire d'erreur, tu dois dire et écouter les mots dans ta tête : c'est ce que tu entends qui compte.

1

☐ Un gros **chien** pour **Lucien**
☐ Un **examen** pour **Benjamin**
☐ Trois **harengs** pour **Ferdinand**
☐ Un **champignon** pour **Florian**
☐ Un **déjeuner** pour **Robert**
☐ Et un **scooter** pour mon petit **frère.**

2

☐ Un sac de **plomb** pour **Léon**
☐ Des plumes de **paon** pour **Gaétan**
☐ De la **chance** pour **Florence**
☐ Du bon **sens** pour **Hortense**
☐ Une grosse **valise** pour **Philippe**
☐ Et la **jaunisse** pour **Béatrice**.

3

☐ Des étrennes pour Lucienne
☐ Du pollen pour Hélène
☐ Un beau cahier pour René
☐ Une cuillère pour Olivier
☐ Une jeep pour Philippe
☐ Et des frites pour toute l'équipe.

4

☐ Une orange pour Solange
☐ Du citron pour Simon
☐ Un croque-monsieur pour Mathieu
☐ Dix-huit briques pour Patrick
☐ Des espadrilles pour le gorille
☐ Toute une ville pour la chenille.

2 Te souviens-tu des comptines que tu as apprises à l'école maternelle, comme celle qui est en haut de la page ?
En voici d'autres, coche les lignes où les deux mots ne vont pas ensemble.

1

☐ Un pruneau d'**Agen** pour **Alain**
☐ Une rue de **Rouen** pour **Christian**
☐ Une paire de **bottes** pour **Carlos**
☐ Un short à **fronces** pour **Alphonse**
☐ Une grande **fatigue** pour **Rodrigue**
☐ Un nez **crochu** pour M. **BRU.**

2

☐ Une place **gratuite** pour **Édith**
☐ Un gros **camion** pour **Marion**
☐ Du **sirop** pour **Marco**
☐ Un ballon de **foot** pour **Charlotte**
☐ Un gros **os** pour **Pédro**
☐ Et du **repos** pour ce **colosse.**

3

☐ Un copain pour Martin
☐ Une femme pour l'oncle Samme
☐ Un magazine pour Catherine
☐ Un magasin pour Mathurin
☐ De grands cils pour Lucile
☐ Et du persil pour Cécile.

4

☐ Un tabouret pour Hubert
☐ Du ressort pour Victor
☐ Le prix net pour Jeannette
☐ Un prix moyen pour Clément
☐ Le vertige pour Edwige
☐ Une clef pour Joseph.

VITESSE

Une image, une phrase

1 Donne à chaque image le numéro de la phrase qui la décrit.

1 Arthur a la rougeole ; il a de la fièvre et il est couvert de boutons des pieds à la tête. Il devra rester au lit pendant une dizaine de jours.

2 Cette chipie de Mariette a fait un vilain pied de nez à une fille du collège.

3 Mon grand-père est malade, mais le médecin nous a dit qu'il serait bientôt guéri.

4 Après une journée de marche, sac au dos, elle revenait épuisée et ne pouvait plus mettre un pied devant l'autre.

☐ A

☐ B

☐ C

☐ D

2 Donne à chaque image le numéro de la phrase qui la décrit. Attention, il y a une phrase en trop.

1 Les voleurs sont entrés de nuit dans le château et ils ont fait main basse sur les bijoux.

2 La couturière mettait la dernière main à la robe de mariée qu'elle devait terminer pour le lendemain.

3 La fillette a eu la main heureuse en choisissant son billet de loterie : elle a gagné le gros lot.

4 Les gendarmes ont pris ce voleur la main dans le sac !

5 Après la fête, tout le monde a mis la main à la pâte pour nettoyer la salle. En une heure tout était fini.

☐ A

☐ B

☐ C

☐ D

Les apparences sont trompeuses !

COMPRÉHENSION

1 Lis chaque phrase, puis choisis et coche le mot qui convient.

1 Pierrette a mis pour s'amuser les souliers à hauts ☐ salons / ☐ talons de sa mère.

2 La mer est très mauvaise, le vent souffle fort : les bateaux à ☐ voile / ☐ voiture ne peuvent pas sortir du port.

3 Mon père veut se raser, mais il a encore perdu son savon à ☐ barbe. / ☐ barque.

4 Le camion-citerne ralentit prudemment avant de prendre son ☐ virage. / ☐ visage.

2 Lis chaque phrase, puis choisis et coche le mot qui convient.

1 Voici l'hiver, c'est la ☐ saison / ☐ maison du froid, mais aussi des cadeaux de Noël !

2 Arthur est un bon nageur : il plonge et nage la ☐ brasse / ☐ crasse mieux que moi.

3 À la deuxième minute du combat, le boxeur envoya à son adversaire un superbe ☐ crachat / ☐ crochet du gauche à la mâchoire.

4 En sautant à la corde je me suis ☐ coulé / ☐ foulé la cheville.

RECHERCHE

Question d'empreintes !

1 **Regarde bien les empreintes de pattes laissées par l'écureuil, le hérisson, le renard, le lièvre, le lapin et le chat sauvage.**

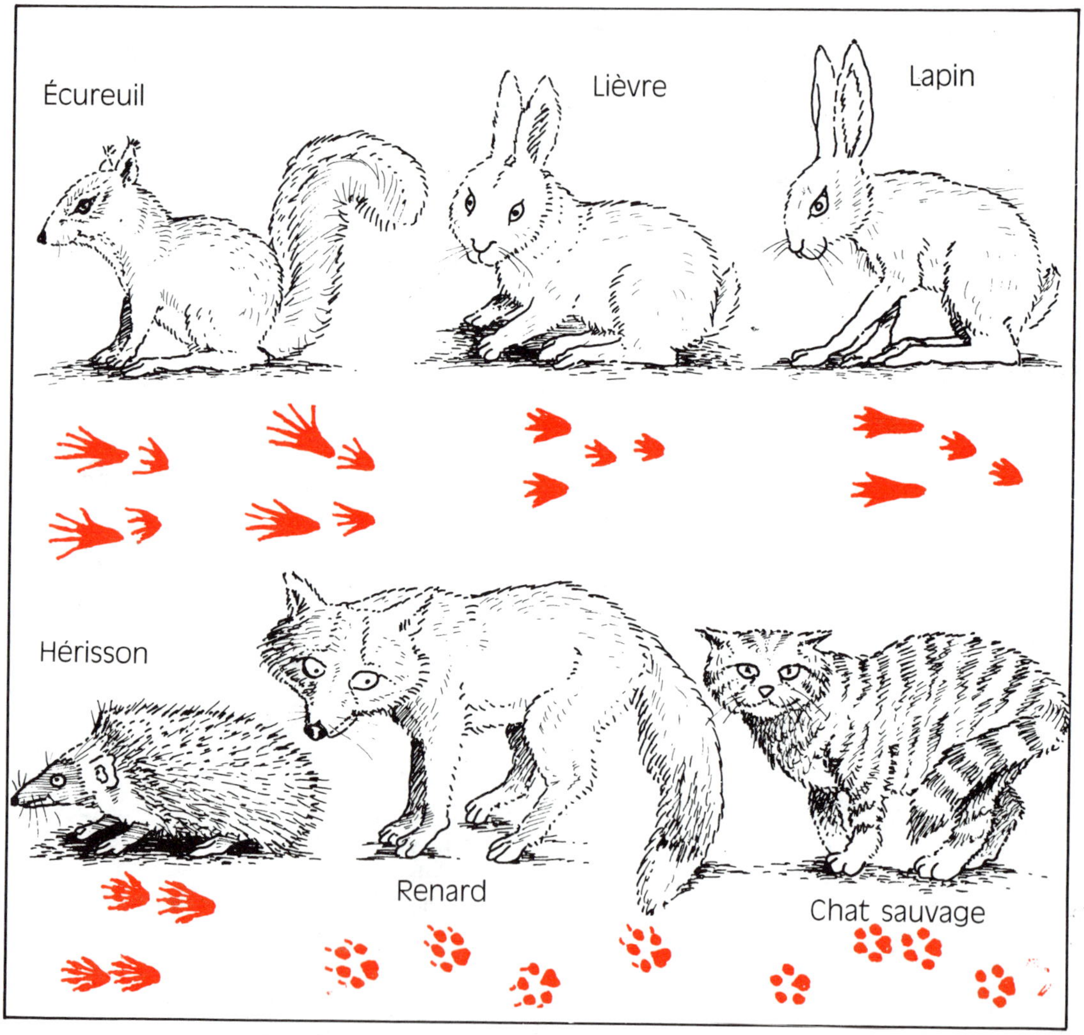

2 **Lis le texte en remplaçant les empreintes par le nom de l'animal correspondant.**

Un jeune  ________________ qui n'est pas bête du tout,

a très, très faim,

et ne trouve rien à manger,

pas le moindre petit  ____________

ni de  ____________

ni de  ____________

l'oie

Soudain il voit des traces bizarres : 

Il réfléchit :
les empreintes vont deux par deux... c'est peut-être un oiseau.
Il regarde de plus près :

On dirait un oiseau aux pattes palmées,
peut-être une oie ou un butor,
Ou une bête que je ne connais pas !
Quelque chose de bon pour mon estomac, en tout cas,

pense le  ____________

le butor

qui a de plus en plus faim.
Et il trotte plus vite, la queue en l'air et le nez au vent.

Ah ! voilà l'animal, là-bas !
Ça ressemble à une grande bête maigre et sans plumes,
avec un gros bâton sur le dos,... bizarre... bizarre !

Mais notre  ____________ a été vu.

Aussitôt le gros bâton jappe deux coups, très fort... Pan ! Pan !
– Aïe, la sale bête, elle m'a blessé à l'épaule,

gémit le  ____________ qui a très mal.

Il se sauve en boitillant,
le ventre creux, et la tête toute pleine de questions :
– Mais quelle est donc cette grande bête qui jappe comme le tonnerre
et qui mord de loin ?
Il faudra que je me méfie à l'avenir,
car cet animal-là est vraiment un drôle d'oiseau !

G. Rémond

QUESTIONS

Tu peux regarder l'histoire pour répondre aux questions.

1 **Complète.**

a) Le drôle d'animal que Renard a vu, c'est...........

b) Le gros bâton qui jappe comme le tonnerre, c'est......

2 **Coche la bonne réponse.**

Renard croit qu'il a été mordu, mais, en réalité,

- ☐ il a été piqué d'un coup de bec par le drôle d'oiseau.
- ☐ il a été blessé par une balle.
- ☐ il a reçu un coup de pied.

3 **Coche la bonne réponse.**

Renard ne sait pas du tout quel animal est le drôle d'oiseau...

- ☐ car il n'est pas très malin.
- ☐ car il ne voit pas très clair.
- ☐ car c'est encore un jeune renard qui ne sait pas tout.

LE PETIT GARÇON ET L'ANGUILLE (Texte page 98)

Vendredi 10 novembre

Julien, Praline et les chouflonflons

MÉMOIRE

Dans cette histoire, des mots sont mis en marge. Si tu le peux, tu soulignes leur synonyme dans la ligne, tout en lisant.

Tu te souviens de Julien qui a retrouvé sa belle pièce de monnaie, grâce à son père. Le voilà, à nouveau à la recherche d'un travail.

1

	Julien marche longtemps. Un jour, il arrive dans
	une ville qui lui plaît beaucoup. De toutes les maisons
se dégage	sort une délicieuse odeur de cuisine.
une demeure	Julien s'approche d'une maison qui sent très très
	bon.
	Une petite fille de onze ans est en train de sortir
l'interpelle	des plats du four. Sa mère l'appelle de la pièce
	voisine :
	– Praline, j'espère que le chouflonflon aux cornichons
	est cuit.
se hâter	Il faut se dépêcher pour le défilé de midi !
	La fille répond :
	– Il est cuit, allons-y !

2

éberlué	Aussitôt la porte s'ouvre, et Julien, ébahi, voit arriver
	Praline portant sur un coussin un petit plat
	de chouflonflon aux cornichons (chouflonflon,
un nom	c'est un mot de ce pays-là). Derrière elle, sa mère
	porte un plat moyen sur un coussin moyen. Derrière
	la mère, la grand-mère porte un grand plat sur
	un grand coussin. Au même instant, à midi juste, tous
	les gens sortent de leur maison. Chacun porte un plat
se balancer	sur la tête. Julien voit se promener dans les airs des
	soupières, des saucières et des poissonnières.

3

se dirige	Tout le monde marche vers la grand-place de la ville
	où sont installés de grandes tables et des bancs.
	Les familles s'interpellent :
	– Tu vas voir ma soupe à la ouplaoup, tu m'en diras
	des nouvelles !
	– Et mon colin sauce perlimpinpin !

	– Et mes croquettes fourrées crevettes !
	– Et moi, mon hachis frit aux salsifis !
	– Au dessert, vous goûterez ma compote
cerises	de griottes[1] !
	– Oh ! là ! là ! ça ne vaudra pas mon sorbet sursucré
	aux violettes des prés !
	4
accompagne	Julien suit le défilé. On l'invite gentiment à partager
	le repas de la ville. Il se trouve installé près de Praline.
s'adresse	À chaque plat, on demande à Julien :
	– Il aurait peut-être fallu un peu plus de sauce dans
	le risotto ? Un peu moins de paprika dans
	les rutabagas ?
	Julien donne son avis. On le sert, on le ressert.
	5
énormément	Cette ville plaît beaucoup à Julien ! Il décide
	de s'y installer pour apprendre à cuisiner et à
	pâtisser. Praline lui explique :
	– Ici, il y a un règlement : on doit préparer des plats
mirobolants	époustouflants tous les jours de la semaine.
	Le dimanche, on se repose en mangeant des
	biscottes et en buvant des tisanes.
connais	Moi, je sais plus de trois mille recettes. Je suis
	d'accord pour t'apprendre tout ce que tu voudras.
	6
	Julien apprend donc son métier avec Praline. Pendant
s'exerce	de longs mois, il apprend à touiller, à mijoter
succulents	et à fricasser toutes sortes de plats appétissants.
	À la fin des fins, grâce à Praline, il est devenu si
	adroit que les ragoûts, les tartes et les babas ont l'air
miracle	de sortir tout seuls de ses doigts, comme par magie.
	7
	En souvenir de ses parents, il assaisonne tous ses
une pincée	plats avec une miette de ciboulette. C'est si bon dans
	l'omelette et dans les paupiettes ! Maintenant, tout
	le monde l'appelle Julien Ciboulette et il est le plus
	habile des cuisiniers.
	Julien Ciboulette, le cuisinier, peut donc maintenant
	retourner chez lui.

D'après *J'AIME LIRE*, n° 35 (Hector, Nestor et Victor, Bayard Presse)

1 La griotte est une sorte de cerise un peu acide.

QUESTIONS

Tu n'as pas le droit de regarder le texte pour répondre aux questions.

1 La petite fille s'appelle :
- Farine ☐
- Praline ☒
- Tartine ☐

2 La petite fille doit se hâter de sortir son plat du four
- ... parce qu'il risque de brûler. ☐
- ... parce qu'il va bientôt être midi. ☒
- ... parce que sa mère veut faire cuire autre chose. ☐

3 **Coche le plat porté par la grand-mère de la fillette.**

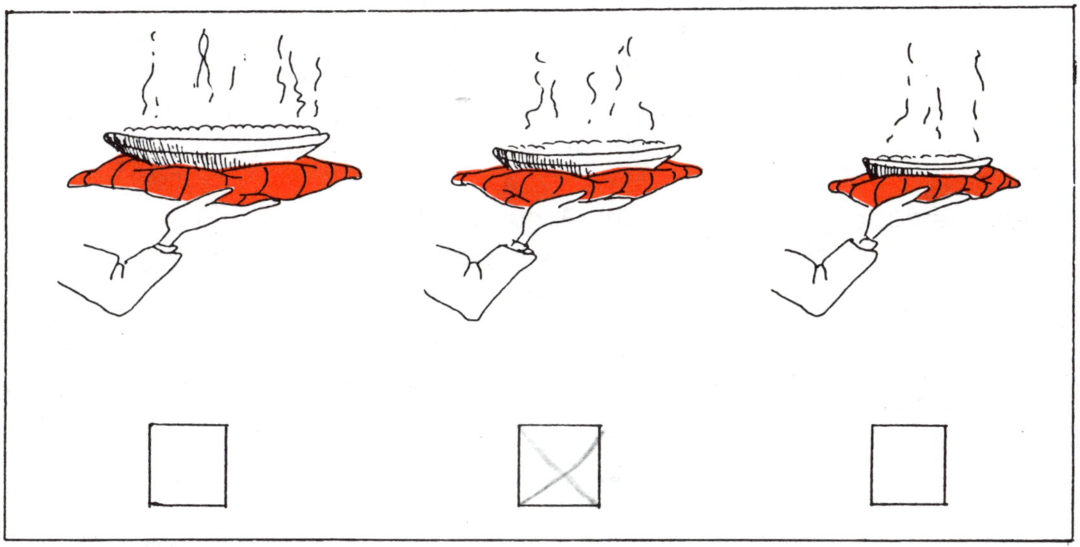

4 **Coche le bon règlement de la ville.**

a) ☐ On doit cuisiner toute la semaine pour faire un bon festin le dimanche.

b) ☐ On doit préparer de bons plats chaque jour de la semaine et se reposer le dimanche.

c) ☒ On doit servir des plats ordinaires en semaine, mais mijoter des plats succulents pour le dimanche.

5 **Coche seulement les bons plats préparés dans l'histoire.**

a) ☐ du colin sauce perlimpinpin.
b) ☐ du bifteck aux pastèques sèches.
c) ☒ du chouflonflon aux cornichons.
d) ☐ du jambon sursalé aux melons d'Avignon.
e) ☐ du hachis frit aux salsifis.

7

Plusieurs mots pour le dire (I)

VITESSE

1 **Souligne, dans chaque liste, le mot qui a un sens très voisin du mot écrit en rouge (tu peux aussi écrire ses repères sur ton cahier de brouillon :** ***exemple :*** habile **E1)**

	1	2	3	4	5
A	amusant	de l'énergie	chercher	**de l'étoffe**	un parfum
B	bavard	un capitaine	répondre	du travail	**une blessure**
C	**adroit**	un poignard	**ronger**	du bruit	le poing
D	blanc	une bêche	casser	de la misère	la police
E	habile	une corbeille	mentir	des nouilles	un mouchoir
F	sonore	un Français	secourir	du tissu	un drapeau
G	nouveau	un forgeron	s'échapper	du courage	une plaie
H	propre	**un couteau**	grignoter	de la peinture	un procès

Indique le code chiffré des mots illustrés ci-dessous.

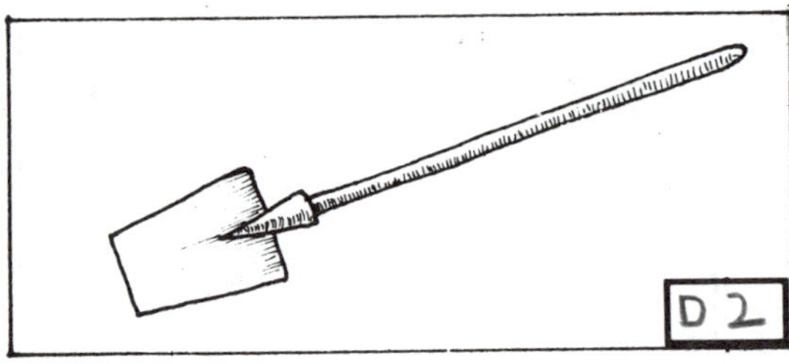

	6	7	8	9	10
A	encercler	naturellement	la pendule	la pierre	la ménagère
B	coudre	parfaitement	l'hiver	le poisson	**le logement**
C	vendre	péniblement	le manteau	le gardien	le jardinier
D	escalader	gentiment	**l'horloge**	la parole	l'église
E	plonger	heureusement	la longueur	la peau	le théâtre
F	**grimper**	largement	la grenouille	le parquet	l'anniversaire
G	tordre	également	les griffes	le prix	l'appartement
H	réussir	**difficilement**	la hauteur	**le rocher**	le transport

Indique le code chiffré des mots illustrés ci-dessous.

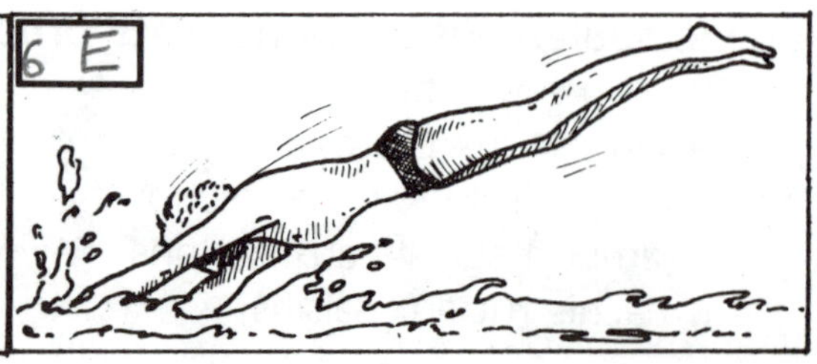

2 **Souligne, dans chaque liste, le mot qui a un sens très voisin du mot écrit en rouge (tu peux aussi écrire ses repères sur ton cahier de brouillon).**

	1	2	3	4	5
A	le pain	fou	la maison	raconter	**le gardien**
B	le pouce	~~fier~~	**l'ouvrage**	**redire**	la gelée
C	le cœur	énorme	le trou	parler	le menuisier
D	un bain	~~farouche~~	la tente	perdre	le lendemain
E	~~de la peine~~	**orgueilleux**	~~le travail~~	pomper	la jeunesse
F	un coq	favorable	le rayon	détruire	~~le surveillant~~
G	mon frère	droit	le short	~~répéter~~	la liberté
H	**du chagrin**	fin	la réponse	mordre	la vendeuse

Indique le code chiffré des mots illustrés ci-dessous.

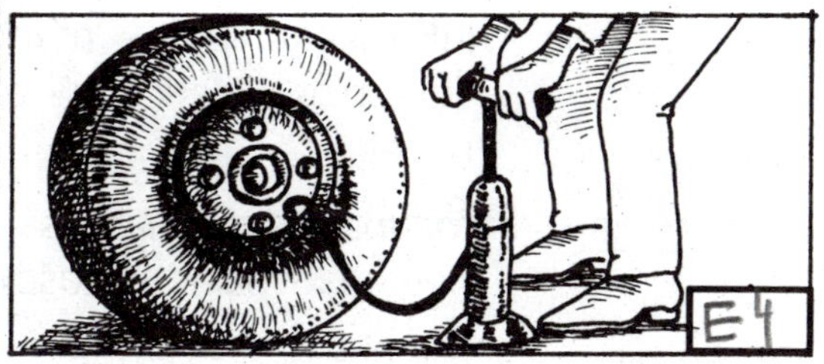

	6	7	8	9	10
A	la tirelire	menteur	~~immobile~~	indiquer	la distribution
B	~~le général~~	matinal	doux	**penser**	**le commerçant**
C	le travailleur	**étrange**	dangereux	~~dépenser~~	~~les journaux~~
D	les chaussures	mauvais	**fixe**	servir	la politesse
E	la cheminée	grave	minuscule	obéir	l'explication
F	le promeneur	heureux	gras	accélérer	~~le marchand~~
G	**le chef**	~~bizarre~~	méchant	déchirer	un personnage
H	l'écriture	étroit	cuit	~~réfléchir~~	le paysage

Indique le code chiffré des mots illustrés ci-dessous.

Des mots en plein accord

COMPRÉHENSION

1 **Tu soulignes <u>d'un trait</u> l'adjectif qui s'accorde, *par le sens et l'orthographe*, avec le nom donné à gauche, et de <u>deux traits</u> l'adjectif qui s'accorde avec le nom donné à droite.**

1 la fillette	sportif - travailleuse - usé - secrets - savants - parfumé - glacées - pointues - multicolores - copieuses -	un bouquet
2 un chanteur	bavarde - actives - agréables - chaude - célèbre - dangereuses - charitables - noirs - brutaux - bonnes -	une saucisse
3 une maladie	infirmes - libre - mangeable - grave - neuf - agréables - blanches - carrée - bruyantes - imaginaires -	un vélo
4 un cheval	matinaux - méchantes - polie - cuite - aveuglante - nerveux - pâles - musclées - nouvelles - peuplé -	une lumière
5 une nuit	rigoureuses - gentils - glaciale - appétissant - fleuri - rapide - jaunes - farouches - mortels -	un jardin

2 **Même consigne que ci-dessus.**

1 un cartable	crémeux - blessé - pointue - peuplé - ombragé - perdues - prudent - rougis - tondu - tristes - neuf - fatigant -	un métier
2 une ampoule	bancal - actuel - tordu - étranges - enfantin - impardonnable - vieux - électrique - pourri -	une faute
3 un film	puissantes - élastiques - remuants - obéissant - comique - réparés - balayé - humides - cassée - volés -	une vitre
4 un pistolet	tranchante - armée - automatique - découpé - enneigé - bleus - apprise - lourde - joyeuse - terminé -	des yeux
5 un puits	trempée - profond - perdue - épaisse - heureuse - essoufflés - inquiète - court - lointains - illustrés -	des pays

Le bon sens en deux mots

VITESSE

1 Tu soulignes le mot de la phrase qui peut être remplacé par le mot donné en marge.

courses	1	Arthur fait gentiment les commissions de la vieille dame qui habite la maison voisine.
annonce	2	Mon oncle dit, dans sa lettre, qu'il ne pourra pas venir à Noël : c'est dommage !
habituellement	3	M. Turpin, notre boulanger, se lève normalement chaque jour à 3 h du matin.
piteux	4	Ce livre que tu rends à la bibliothèque est dans un triste état.
appuies	5	Pour grimper à cet arbre, il faut que tu poses ton échelle contre la grosse branche.

2 Tu soulignes le mot de la phrase qui peut être remplacé par le mot donné en marge.

emprunté	1	J'ai pris à la bibliothèque un livre sur les avions : il est passionnant.
failli	2	Cet automobiliste est fou : il a manqué écraser deux enfants qui sortaient de l'école.
prodigieuses	3	En envoyant des fusées dans l'espace, les savants ont fait des découvertes fantastiques.
communiqué	4	À cause de la sécheresse, le feu s'est rapidement propagé à tous les bâtiments de l'usine.
énergiques	5	Les antibiotiques sont des remèdes puissants contre certaines maladies.

COMPRÉHENSION

L'un ou l'autre

1 Le mot qui manque est l'un des deux donnés en marge. Lis la phrase et souligne le mot qui convient.

brigand	**1** Ce joueur de basket est un vrai _____ : je suis sûr qu'il mesure plus de 2 mètres.	**géant**
chaîne	**2** Ma sœur adore tricoter ! elle s'est fait un beau pull en _____ épaisse pour cet hiver.	**laine**
enregistré	**3** Une fille de la classe a _____ une poésie de Jacques BREL au magnétophone.	**illustré**
grave	**4** Mon copain Gilles a de la peine : son père a eu un _____ accident de moto.	**brave**
chaud	**5** La météo annonce un vent _____ et beaucoup de neige pour la semaine prochaine.	**froid**

2 Souligne, parmi les deux mots donnés en marge, celui qui convient pour compléter la phrase.

sécher	**1** Trois camions de pompiers viennent de passer en faisant _____ leur sirène.	**hurler**
saler	**2** Je vais peut-être _____ faire du ski dans les Alpes en février : chic !	**aller**
accès	**3** Les motards de la police ont arrêté un automobiliste pour _____ de vitesse.	**excès**
citerne	**4** Un gros camion- _____ est venu apporter du mazout pour le chauffage.	**caverne**
voir	**5** Nous devons aller _____ un spectacle de marionnettes avec les élèves de CE1.	**boire**

MÉMOIRE

Les trois épreuves

Lis ce conte qui nous vient des Antilles. Des mots sont donnés en marge. Tu peux souligner leur synonyme dans la ligne (c'est parfois tout un groupe de mots).

	Cric ! crac ! croc ! que le grand Cric me croque si je
	dis des mensonges !
	1
	Un jour, deux frères, Jean Futé et Jean Poltron
	traversent une grande forêt.
rencontrent	Soudain, ils voient une vieille sorcière, aussi vieille
	que laide.
s'enfuir	Jean Poltron, le froussard, voudrait se sauver à
	toutes jambes. Au contraire, Jean Futé, lui, prend
demande	son courage à deux mains et dit poliment :
	– Bonjour, madame, la vie va-t-elle comme
désirez	vous voulez ?
	– Oui, oui, mes enfants, dit la vieille d'une
trompeuse	voix fausse, je mène ma petite vie et je mange
	tous les jours mes petits pâtés faits avec la viande
s'égarent	des petits enfants qui se perdent dans la forêt.
continue	Elle ajoute aussitôt, sur un ton méchant :
	« Et si ne voulez pas finir en pâté, il vous faudra
épreuves	réussir mes trois tests. »
	Cette fois, Jean Poltron se met à claquer des
	dents.
	2
en gémissant	– Sauvons-nous vite, dit-il, en pleurnichant.
	– Quels tests ? demande calmement Jean Futé qui
	a son idée.
	– Tu dois, d'abord, me mettre le vent en cage,
j'exige	explique la vieille. Je veux qu'il me chante des
	chansons quand je m'ennuie.
de plus belle	Jean Poltron pleurniche encore plus fort :
	– Le vent en cage, mais c'est impossible !
sinon	Viens vite, mon frère, ou cette vieille va nous faire
	du mal !
répond	– Du calme, lui dit Jean Futé, allons d'abord
	dormir, nous verrons bien après.

tailler · taille · morceaux · rage · réussi

Au matin, Jean Futé s'en va couper une branche de bambou, y perce six trous, lui fait un bec fin.
– Voilà le vent en cage, dit-il à la vieille, et il lui joue deux airs de flûte.
En entendant la voix du vent, la vieille se met à danser de colère. Puis elle ajoute avec son air méchant :
– Tu as passé la première épreuve, mon garçon, mais gare à la seconde ! Je veux que tu me sépares la mer en deux.

3

jérémiades · fuyons · réplique · puiser · précieusement · D'une part

Jean Poltron recommence ses pleurnicheries :
– Séparer la mer en deux, mais c'est impossible, courons vite, mon frère, sinon cette vieille va nous attraper.
– Allons d'abord dormir, répond Jean Futé, nous verrons bien après.
Au matin, Jean Futé va chercher de l'eau dans la mer. Il la met à chauffer dans une grande marmite. L'eau s'évapore, reste le sel qu'il ramasse avec soin.
– Voilà la mer coupée en deux, dit-il, en apportant le sel à la vieille. D'un côté l'eau qui s'est évaporée, de l'autre le sel que voici.
La vieille, folle de rage, casse sa chaise et s'arrache les cheveux.

4

remporté · ricane · souterraine · dévorer · aviserons · observe

– Tu as passé les deux premières épreuves : celle de l'air, celle de l'eau. Reste la dernière ; celle de la terre. Nous allons voir ce dont tu es capable, dit la vieille. Je veux que tu me trouves mille travailleurs qui creusent pour moi une ville sous la terre.
Cette fois, Jean Poltron verse des torrents de larmes :
– Sauvons-nous, sauvons-nous vite, mon frère, ou cette vieille sorcière va nous manger !
– Du calme, répond tranquillement Jean Futé, allons d'abord dormir, nous verrons bien après.
Le lendemain, Jean Futé s'en va trouver la sorcière :
– Vieille, regarde à tes pieds. Il y a, là, des

centaines de fourmis qui travaillent à leur fourmilière. Un gendarme-fourmi règle la circulation, des transporteurs-fourmis passent avec des brins d'herbe, des grains de sable ou des morceaux de feuilles : voilà un vrai chantier avec des milliers de travailleurs qui construisent une ville souterraine. C'est bien ce que tu voulais !

le trafic

bâtissent

– Que le grand Cric me croque, dit la sorcière en colère et elle se jette dans la mer du haut d'un rocher.

hurle

Jean Futé a hérité de tous les biens de la vieille : châteaux, troupeaux, bateaux, manteaux et tout son magot !

Cric ! crac ! croc ! que le grand Cric me croque si je vous ai dit des mensonges !

G. Rémond, d'après une légende créole.

Sans revenir au texte, réponds aux questions page 144.

QUE SAIS-TU DES CHAMEAUX ?

Résultats du questionnaire de la page 53

Si ton chameau est uniquement colorié en jaune et rouge :
BRAVO ! tu as tout juste.

Si ton chameau a une tache verte :
Tu n'as fait qu'une seule faute, c'est BIEN.

Si ton chameau a plusieurs taches vertes :
Relis le texte page 49, tu as un peu oublié ce que tu as lu.

♣ Et toi, qui es-tu ?

RECHERCHE

Pour chaque cas, tu choisis ta réponse et tu colories le personnage aux couleurs indiquées.

1 Tu es à la piscine avec ta classe.

Colorie la tête

a) Tu veux (ou tu voulais) apprendre très vite à nager pour pouvoir aller seul(e) et sans bouée au milieu du bassin. → en orange

b) Tu n'as pas peur de sauter dans la piscine, sans bouée et sans savoir si tu as pied. → en rouge

c) Tu n'as encore jamais mis la tête sous l'eau. Tu tiens donc à rester près du bord et à garder la bouée... On ne sait jamais ! → en vert

2 À l'école, ou dans un club, on te propose trois activités. Laquelle choisis-tu ?

Colorie le pull

a) du ping-pong. → en vert

b) du tir à l'arc. → en orange

c) de l'escalade. → en rouge

3 Ton petit chat est monté dans un arbre et ne peut plus descendre. Il appelle au secours en miaulant.

Colorie la jupe

a) Tu espères qu'on va vite le délivrer et tu t'enfermes dans ta chambre pour ne pas l'entendre miauler. → en vert

Colorie la jupe

b) Tu essaies aussitôt de grimper dans l'arbre pour le récupérer. → en rouge

c) Tu vas prévenir tes parents et chercher une échelle. → en orange

4 **Tu vends des calendriers ou des timbres avec deux camarades. Vous arrivez devant la maison d'un monsieur grincheux. Un gros chien aboie.**

Colorie les jambes

a) Tu proposes de sonner pour voir et t'amuser un peu. → en rouge

b) Tu proposes de crier très fort : « Il y a quelqu'un ? » → en orange

c) Tu proposes d'aller sonner à la maison suivante. → en vert

Pour savoir qui tu es lis les réponses page 87.

8

Je dis blanc, tu dis noir

VITESSE

1 Tu soulignes, dans chaque colonne, le contraire du mot en rouge.

	A	B	C	D	E
1	léger	froid	détacher	dehors	**liquide**
2	lisse	**glacé**	**détester**	dessus	chaud
3	**ami**	blanc	jouer	souvent	savant
4	malade	humide	peindre	après	vert
5	matinal	menteur	couvrir	toujours	neuf
6	ennemi	parfait	réciter	encore	gentil
7	médiocre	brûlant	aimer	**avant**	solide

	F	G	H	I	J
1	occupé	malin	**un défaut**	**savoir**	**ralentir**
2	**obéissant**	dangereux	un invité	vouloir	mentir
3	affreux	**féminin**	une activité	digérer	dépasser
4	allongé	curieux	une maternité	ignorer	freiner
5	délicieux	clandestin	une qualité	picorer	accélérer
6	désobéissant	masculin	la vérité	ficeler	sortir
7	désagréable	enfantin	une unité	guérir	bondir

2 Tu soulignes, dans chaque colonne, le contraire du mot en rouge.

	K	L	M	N	O
1	se sauver	refroidir	salé	**différent**	**une punition**
2	s'écorcher	fleurir	sucré	dissipé	des dépenses
3	**s'asseoir**	**éclaircir**	fermé	sauvage	les élections
4	s'échauffer	cueillir	rassasié	disparu	une réponse
5	se lever	souffrir	gourmand	semblable	l'aviation
6	s'instruire	courir	maigre	seul	une récompense
7	s'envoler	assombrir	**affamé**	simple	un torchon

	P	Q	R	S	T
1	sérieux	secret	aveugle	léger	**calme**
2	méchant	direct	**attentif**	**libre**	décousu
3	**sévère**	violet	détruit	prisonnier	timide
4	interdit	indiscret	distrait	fier	turbulent
5	soigneux	indirect	désolé	pratique	sérieux
6	indulgent	dissipé	agile	sourd	muet
7	intelligent	**discret**	interdit	lourd	creux

COMPRÉHENSION

C'est le contraire

1 **Tu soulignes d'un trait l'adjectif contraire à celui donné dans l'expression de gauche et de deux traits l'adjectif contraire à celui donné dans l'expression de droite.**

du bois vert (humide)	bleu - sombre - gentil - ouvert - vendu - sec - jaune - rouge	un feu vert (pour les autos)
un teint jaune (sur le visage)	bruyant - courtes - fatigué - plat - pâle - frais - violet - blanches	des dents jaunes
du vin blanc	vieux - poivré - lourd - fané - sucrée - moderne - quadrillé - rouge - facile	du papier blanc
une voix grave	légère - forte - amusant - brutal - sèche - profonde - curieux - aiguë	une blessure grave
du café léger	grande - chaud - blanc - faible - fort - brun - brutal - fanée - sucré	une légère différence

2 **Tu soulignes d'un trait l'adjectif contraire à celui donné dans l'expression de gauche, et de deux traits l'adjectif contraire à celui donné dans l'expression de droite.**

un air vif	vulgaire - ordinaire - lent - solide - doux - timide - spécial - bleu	marcher d'un pas vif
un blessé léger	explosif - maigre - sec - long - fin - triste - lourd - grave	un cartable léger
une grosse mer	vide - calme - petit - copieux - muet - pointue - âgé - rouge	un gros chien
une ligne droite	agile - courbe - net - automatique - complet - nerveuse - gauche - sale	la main droite
il a l'oreille dure	grincheux - fine - solide - agité - furieuse - moelleux - noir - drôle	un siège dur

Mots pirates ! (I)

VITESSE

1 Barre le mot-pirate caché dans chaque paragraphe numéroté.

1 C'est l'orage : la pluie tombe sous sur les toits et le tonnerre gronde. Des trombes d'eau inondent notre jardin.

2 Ce matin je n'ai vraiment pas eu de chance : j'ai cassé mon lacet, j'ai perdu mon stylo, j'ai oublié un livre et j'ai raté demain mon bus.

3 C'est l'heure du départ pour les 24 heures du Mans. Les pilotes attendent le signal pour s'élancer vers leurs bolides et foncer flâner sur le circuit.

4 J'ai perdu mon petit chat gris : il porte un cartable collier rouge autour du cou. L'avez-vous vu ?

5 Un éléphant a une force extraordinaire. Il peut rêver soulever un tronc d'arbre avec sa trompe.

6 Sébastien déteste adore les épinards : chaque fois que sa mère l'oblige à en manger, il a envie de vomir.

2 Barre le ou les mots-pirates cachés dans chaque paragraphe numéroté.

1 En juillet, Arthur est malade allé pendant 15 jours en colonie de vacances, dans le midi nord de la France, près de Nice.

2 L'incendie a pris naissance dans le garage et ensuite d'abord toute la maison a flambé en quelques jours minutes.

3 C'est bientôt l'heure du dîner et j'ai faim : Maman nous prépare une bonne douche soupe bien chaude.

4 Mon père est grand et fort : il peut porter à bout de souffle bras ses deux enfants à la fois.

5 Le taureau méchant gratte le sol de ses sabots ; il n'a vraiment pas d'argent l'air commode. Attention !

6 Ma mère veille est une excellente couturière : elle confectionne une robe en un tour de main. Papa dit qu'elle a des doigts sales de fée.

COMPRÉHENSION

Contrairement à ce que tu dis

1 Coche la phrase qui dit exactement le contraire de celle en rouge.

1 J'adore regarder, à la télé, les films d'épouvante qui font peur.
- ☐ **a)** J'ai déjà vu beaucoup de films à la télé.
- ☐ **b)** Les films d'épouvante qui font peur, je les déteste.
- ☐ **c)** Ce soir, à la télé, on passe un film d'épouvante.

2 À midi, j'ai mangé un bifteck beaucoup trop cuit.
- ☐ **a)** À midi, j'ai bien aimé le bifteck et les frites que j'ai mangés.
- ☐ **b)** À midi, le bifteck qu'on nous a donné à manger était froid.
- ☐ **c)** À midi je n'ai pas mangé mon bifteck, il était trop saignant.

3 Nos voisins, Pierre et Évelyne, ont décidé de se marier prochainement.
- ☐ **a)** Nos voisins, Pierre et Évelyne, ont eu un bébé l'an dernier.
- ☐ **b)** Pierre et Évelyne, nos voisins, vont divorcer.
- ☐ **c)** Nos voisins, Pierre et Évelyne, étaient, dimanche, au mariage d'un ami.

4 Le maître efface au tableau l'opération fausse.
- ☐ **a)** Le maître copie un problème au tableau.
- ☐ **b)** Le maître note au tableau l'opération exacte.
- ☐ **c)** Le maître efface toutes les opérations du tableau.

2 Coche la phrase qui dit exactement le contraire de la première.

1 Le Concorde qui vient d'Amérique va atterrir sur la piste d'Orly.
- ☐ **a)** Le Concorde qui vient d'Amérique a atterri sur la piste d'Orly.
- ☐ **b)** Le Concorde qui part pour l'Amérique s'apprête à décoller d'Orly.
- ☐ **c)** Le Concorde qui est parti pour l'Amérique emmenait cent passagers.

2 Il fait beaucoup trop chaud ici : ouvrez les portes et les fenêtres !
- ☐ **a)** Fermez la porte et ouvrez les fenêtres, il fait trop chaud !
- ☐ **b)** Il fait trop froid ici : fermez les portes et les fenêtres !
- ☐ **c)** Il fait trop froid ici à cause des courants d'air !

3 Ma sœur a reçu une lettre de sa correspondante allemande.
- ☐ **a)** Ma sœur apprend l'anglais et l'allemand.
- ☐ **b)** Ma sœur a fait un dessin pour sa correspondante allemande.
- ☐ **c)** Ma sœur a envoyé une lettre à sa correspondante allemande.

4 Le motard portait un casque : il n'a pas été blessé dans l'accident.
- ☐ **a)** La moto a été accidentée : les deux roues sont tordues.
- ☐ **b)** Le motard a été gravement blessé dans l'accident car il ne portait pas de casque.
- ☐ **c)** Le motard n'a pas de casque : il risque d'être blessé en cas d'accident.

Un homme distrait

MÉMOIRE

Une histoire à lire puis à dire, comme au théâtre.

M. COURTEBOULE entre dans le magasin de Mme MICHU.

– Bien le bonjour, chère madame.
– Bonjour monsieur, vous désirez ?
– Oh ! Madame, je suis désolé. J'ai cassé mes lunettes. De bonnes lunettes que j'avais depuis 50 ans. De vraies lunettes sans branches, comme on en faisait autrefois !
– Je crois deviner, monsieur, vous cherchez à remplacer vos anciens lorgnons.
– C'est ça, mais je veux surtout des lunettes pas trop chères.
– En somme, vous voudriez des lorgnons bon marché.
– Tout à fait. Et pas avec des verres teintés, comme on en fait aujourd'hui, c'est trop laid.
– Je comprends très bien : vous voudriez des lorgnons bon marché, avec des verres ordinaires.
– Bien entendu, je n'accepterai pas de bordure en plastique ; je ne veux pas ressembler à un clown.
– Parfait, parfait, vous voulez des lorgnons bon marché avec des verres ordinaires et une monture métallique.
– C'est ça même ; il me faudra aussi une boîte solide pour les ranger.
– Je résume : vous cherchez des lorgnons bon marché, avec des verres ordinaires, une monture métallique et un étui rigide.
– Vous m'avez très bien compris, madame. Montrez-moi, s'il vous plaît, ce que vous avez dans le genre.
– Ah ! Mais, cher monsieur, c'est que vous êtes ici dans un magasin de chaussures.
– Oh ! excusez-moi, vous savez, sans lunettes... Pensez-vous, alors, que dans le magasin, à côté, je pourrais trouver ce que je veux ?
– Demandez toujours. C'est une excellente poissonnerie !

G. Rémond, pastiche d'A. Allais

QUESTIONS

Tu n'as pas le droit de regarder le texte pour répondre aux questions.

1 Coche la ou les bonnes réponses.

a) M. COURTEBOULE est...

- ☐ un homme complètement fou.
- ☐ un vieillard qui a la vue basse.
- ☐ un jeune homme qui joue la comédie.

b) Mme MICHU est...

- ☐ une marchande très étourdie.
- ☐ une marchande très patiente avec ses clients.
- ☐ une marchande qui a de l'humour.
- ☐ une marchande très pressée.

2 Te souviens-tu du mot exact ?

Des lunettes sans branches s'appellent des...

- ☐ brugnons.
- ☐ bicycles.
- ☐ cyclopes.
- ☐ lorgnons.
- ☐ grognons.

3 Pourquoi Mme MICHU a-t-elle dit à la fin « Demandez toujours, c'est une excellente poissonnerie » ?

- ☐ parce qu'elle est complètement folle.
- ☐ parce qu'elle veut se moquer gentiment de M. COURTEBOULE.
- ☐ parce qu'elle aime dire des mensonges.

4 Quelles sont les lunettes de M. COURTEBOULE ?

Coche le bon dessin.

☐ **a)**

☐ **b)**

☐ **c)**

9

Des intrus

VITESSE

1 Lis vite chaque liste de mots, et souligne le mot intrus qui y est caché.

	A	B	C	D	E
1	la trousse	la classe	l'orthographe	l'addition	montagnes
2	le crayon	les tables	le toboggan	la soustraction	océans
3	la gomme	le bureau	la grammaire	la multiplication	fleuves
4	le stylo	le tableau	la musique	la division	desserts
5	le compas	l'ordinateur	l'écriture	les problèmes	rivières
6	le pneu	le pharmacien	la géographie	la récréation	plaines
7	l'effaceur	les cartables	l'histoire	les nombres	côtes

	F	G	H	I	J
1	mari	la bouche	le journal	les Anglais	la guitare
2	femme	le nez	l'information	les Français	le chef cuisinier
3	fil	les lèvres	le titre	les Allemands	la chanson
4	fille	les yeux	une annonce	les Italiens	un concert
5	frère	le front	la photo	les collégiens	le musicien
6	tante	le mouton	la brouette	les Espagnols	le chef d'orchestre
7	sœur	les oreilles	les nouvelles	les Belges	un tambour

2 Lis vite chaque liste de mots, et souligne le mot intrus qui y est caché.

	A	B	C	D	E
1	du café	lit	dormir	fromage	bonnet
2	du sucre	armoire	rêver	viande	casquette
3	du lait	chaise	sommeiller	légumes	chapeau
4	du vin	buffet	bâiller	bonbons	képi
5	de la bière	colis	défiler	pain	casque
6	de l'eau	fauteuil	somnoler	bouteilles	cravate
7	du thé	bureau	ronfler	fruits	cagoule

	F	G	H	I	J
1	noix	gentil	la racine	marcher	le sanglier
2	poire	propre	les feuilles	courir	le chasseur
3	prune	aimable	la fleur	sauter	le fusil
4	cerise	souriant	l'arrosoir	danser	les cartouches
5	cerisier	travailleur	les pétales	chanter	le chien
6	pomme	tricheur	la rose	escalader	le lièvre
7	abricot	charitable	les épines	ramper	l'hameçon

Points communs

COMPRÉHENSION

1 Tu lis la liste de mots, et tu choisis le mot qui peut la compléter.
<u>Attention :</u> tous les mots d'une même liste ont toujours un ou deux points communs.
Exemple :

Un point commun (tous les mots contiennent le son /in/ écrit « ain »).

Du pain, un bain, un poulain, un souterrain, un refrain, la main
- ☐ l'examen
- ☐ le chien
- ☒ un parrain

Deux points communs (tous les mots contiennent le son /in/ écrit « ain » <u>et</u> désignent des personnes).

Un Africain, un écrivain, mon parrain, les Romains, Sylvain
- ☐ un train
- ☒ un nain
- ☐ un bain

1 Un point commun :

Le facteur, un dauphin, le tarif, l'œuf, une affiche, un phare
- ☐ un clou
- ☐ un vase
- ☐ la phrase

2 Deux points communs :

Le feu, flambler, inflammable, le foyer, du fuel
- ☐ une flamme
- ☐ une bougie
- ☐ du charbon

3 Un point commun :

Une maisonnette, une savonnette, une chansonnette, des gouttelettes
- ☐ une lettre
- ☐ une fillette
- ☐ la tempête

4 Deux points communs :

Une chouette, une poulette, des crevettes, des mouettes, une belette
- ☐ une alouette
- ☐ une fourchette
- ☐ Louisette

5 Un point commun :

Une pomme, un album, une gomme, un aquarium, un astronome,

un bonhomme { ☐ du rhum ☐ du rhume ☐ du parfum

2 Tu lis les mots d'une liste et tu choisis le mot qui pourrait la compléter. Attention : tous les mots d'une même liste ont toujours un ou deux points communs.

1 Un point commun :

Un chien, un examen, un citoyen, Sébastien, rien, très bien { ☐ le frein ☐ souvent ☐ un gardien

2 Deux points communs :

Des Canadiens, des Italiens, des Égyptiens, des Brésiliens, des Autrichiens,

des Tahitiens { ☐ des écoliers ☐ des Marocains ☐ des Algériens

3 Un point commun :

Une angine, la fanfare, un ruban, un éléphant, un banc, un antivol,

du sang { ☐ un chien ☐ un franc ☐ un canard

4 Deux points communs :

Une panthère, un éléphant, un faisan, un caïman { ☐ un orang-outang ☐ une balance ☐ un hanneton

5 Un point commun :

Une phrase, la pelouse, du gaz, une dizaine, bronzé { ☐ un zéro ☐ le nez ☐ un accent

6 Deux points communs :

Du cacao, des haricots, du sirop, des saucisses { ☐ des autos ☐ des cow-boys ☐ des escargots

Mots pirates (II)

VITESSE

1 Dans chacune de ces phrases on a glissé un mot pirate ; à toi de le trouver et de le barrer.

1 Pierre adore les chevaux ; il voudrait bien être jockey et aimerait beaucoup avoir froid un poney.

2 Sur le quai de la gare, de nombreux voyageurs attendent le vélo le train de Paris qui a du retard.

3 En sautant du plongeoir de 5 m, à la piscine, mon frère s'est fait cuire mal aux reins.

4 La semaine prochaine dernière, nous sommes allés faire les vendanges chez mon grand-père.

5 J'ai envie d'acheter hier des fleurs pour l'anniversaire de ma mère. Elle va avoir trente-trois ans bientôt.

6 Nicolas explose de joie : il vient d'apprendre qu'il a gagné le gros lot au tirage de la dernière tranche de lard du loto.

2 Dans chacune de ces phrases on a glissé des mots pirates ; à toi de les trouver et de les barrer.

1 Pendant les grandes vacances, en juillet ou bien en août, je vais aller faire du kayak sur le sac lac d'Annecy.

2 As-tu bien pensé à acheter du verglas pain et du fromage en revenant de l'école ?

3 Voilà que la tour Eiffel a disparu ! Elle s'est sûrement mordue perdue dans l'épais brouillard qui recouvre Paris !

4 Chaque page matin, mon copain Arthur copie me donne des bonbons ou du chocolat. C'est un gros gourmand... moi aussi !

5 Les ours blancs vivent lapin dans les régions polaires. Ils sont protégés du froid par une soupe chaude fourrure et une épaisse couche de graisse.

6 La salle était pleine à craquer : deux mille millions de spectateurs ont assisté pendant que une heure à ce match de tennis.

Le juste titre

COMPRÉHENSION

1 Coche la phrase qui va avec le titre.

1 UN BEAU SPECTACLE

a ☐ L'avion, perdu dans le brouillard, ne retrouve plus sa route.
b ☐ Après le concert, le pianiste salue les spectateurs qui applaudissent.

2 UN BON MÉCANICIEN

a ☐ Frédéric va se déguiser en chauffeur de taxi pour carnaval.
b ☐ Frédérique est une fille adroite : elle adore réparer elle-même sa mobylette.

3 SAUVETAGE

a ☐ L'avalanche a emporté un skieur : il a pu être sauvé grâce aux chiens.
b ☐ Le verglas rend la route glissante et dangereuse.

4 LA FIN DU TRAVAIL

a ☐ Un soir, en rentrant de l'école, Arthur s'est fait piquer par une guêpe.
b ☐ Les mineurs remontaient de la mine ; ils avaient le visage noir de charbon.

5 LA SIESTE

a ☐ Une belle brioche se dore dans le four et la cuisine embaume.
b ☐ Mon chat dort profondément, roulé en boule sur le lit.

2 Coche la phrase qui va avec le titre.

1 DU SANG SUR L'ÉCRAN

a ☐ J'ai vu un beau film qui racontait l'attaque sanglante d'un château fort.
b ☐ Au temps des châteaux forts, les paysans étaient pauvres et malheureux.

2 LES NOUVEAU-NÉS

a ☐ Il paraît que des bébés peuvent apprendre à lire avant de savoir parler.
b ☐ Notre chatte a donné naissance à trois mignons chatons.

3 UN BON CHEF CUISINIER

a ☐ Pierrot fouille sans bruit dans la cuisine : il a vu sa mère cacher du chocolat.
b ☐ Mon père sait très bien faire griller les brochettes sur un feu de bois...

4 LA VISITE DU MÉDECIN

a ☐ Le médecin est venu examiner ma sœur : elle a une bronchite.
b ☐ J'ai rencontré le médecin en allant au musée voir une exposition sur les métiers d'autrefois.

5 LEÇON DE MATHÉMATIQUES

a ☐ C'est mathématique ! Tous les matins, à cause du froid, la voiture de ma mère ne veut pas démarrer.
b ☐ Chaque matin, en classe, le maître nous fait faire du calcul rapide.

MÉMOIRE

Voilà pourquoi la mer est salée !

Lis cette histoire en remettant à leur place, avec les yeux, les mots placés en marge.

1

Un jour, un pauvre homme se perd dans les bois et s'endort au pied d'un arbre. La nuit il voit, en rêve, un magicien qui lui dit :
– Va derrière l'arbre, soulève le gros rocher, tu trouveras un moulin à poivre. Tourne la manivelle en disant : « À LA FORTUNE, LES BRAS CROISÉS » et le moulin te donnera tout ce que tu voudras. Pour l'arrêter, tu n'auras qu'à dire : « AKKIKONGO, AKKIKONGA, ARRÊTE-TOI LÀ. »

2

pauvre	Au réveil, le _____ homme va vite derrière l'arbre,
	soulève la pierre, y trouve le moulin :
	– À LA FORTUNE, LES BRAS CROISÉS, je veux rentrer
doucement	chez moi, dit-il tout en tournant _____
	la manivelle. Et le voilà, aussitôt devant sa cabane.
tout de suite	– À LA FORTUNE, LES BRAS CROISÉS, je veux _____
	une belle maison à la place de cette pauvre
	cabane.
	Il tourne la manivelle et un magnifique château
cabane	remplace bientôt la pauvre _____.
	– AKKIKONGO, AKKIKONGA, ARRÊTE-TOI LÀ, ça va
	comme ça !
peut-on	Mais que _____ faire d'un beau château,
	s'il n'y a pas un grand parc autour ?
	– À LA FORTUNE LES BRAS CROISÉS... et le moulin
sablées	mouline un grand parc avec des allées bien _____
	et de belles pelouses.
	– AKKIKONGO, AKKIKONGA, ARRÊTE-TOI LÀ, c'est bien
	comme ça.
	Mais que faire d'un parc, si on n'a pas de jardiniers
pour	_____ tondre les pelouses ?
	– À LA FORTUNE, LES BRAS CROISÉS... et voilà mille
les arbres	jardiniers qui bêchent, plantent et taillent _____

– AKKIKONGO, AKKIKONGA, ARRÊTE-TOI LÀ, c'est très bien comme ça !

3

bientôt	Notre pauvre homme devient ______ un très riche seigneur, à faire plein de jaloux. Et tu sais
voleurs	bien que les jaloux font les ______.

4

	Un jardinier (le plus jaloux de tous) veut connaître le secret de son maître. En l'espionnant, le soir,
clairement	il entend ______ la formule magique : À LA FORTUNE, LES BRAS CROISÉS et il voit le
d'or	moulin à poivre qui crache des pièces ____. Il entend aussi AKKI...AKKI... mais ne s'en soucie pas du tout. – À qui ? à qui ? la fortune... mais à moi, se dit
jaloux	le jardinier ______, tout en se frottant les mains. Il organise un hold-up avec deux complices, vole
magique	le moulin à poivre ______, vole aussi le beau bateau de son maître et en route pour l'Amérique !

5

manquer	En pleine mer, le sel vient à ______ pour la cuisine. Ce n'est pas grave, on va en demander au moulin à poivre : – À LA FORTUNE, LES BRAS CROISÉS... et voilà du sel, en veux-tu, en voilà.
abasourdi	– En voilà même assez, dit le cuisinier ______ en voyant le bateau se remplir de sel. Comment arrêter ce maudit moulin ? Le jardinier
très fort	voleur essaie bien de crier ______ : AKKI, AKKI, AKKOI, mais le moulin ne s'arrête pas. Et voilà le bateau bien plein, bien lourd. Il est vite tout ensalé, trop plein et trop lourd, et il coule au fond de l'eau, avec tout l'équipage. Le moulin tourne toujours. Et l'eau de la mer qui était douce et claire comme de l'eau de source est aujourd'hui sale et salée. – À LA FORTUNE, LES BRAS CROISÉS, qui la dessalera ?

G. Rémond, d'après : *Almanach africain, 1984,* ACCT.

QUESTIONS

Tu n'as pas le droit de regarder l'histoire pour répondre aux questions.

1 Classe et numérote, dans l'ordre de l'histoire, les quatre vœux du pauvre homme.

a ☐ Il veut un beau parc.
b ☐ Il veut rentrer chez lui.
c ☐ Il veut des jardiniers.
d ☐ Il veut une belle maison.

2 Le jardinier a volé le moulin de son maître...

a ☐ parce qu'il l'aimait beaucoup.
b ☐ parce qu'il enviait ses richesses.
c ☐ parce qu'il lui voulait du mal.

3 Coche la phrase où le mot « pour » a le même sens que dans « En route pour l'Amérique ! »

a ☐ Ces deux enfants font une quête pour les aveugles.
b ☐ Cette histoire est trop belle pour être vraie.
c ☐ Le train pour Lyon entre en gare dans cinq minutes.

4 Les voleurs ont fait tourner le moulin...

a ☐ parce qu'il y avait du vent.
b ☐ parce qu'ils voulaient du sel.
c ☐ parce qu'ils voulaient de l'eau salée.

5 Le moulin ne s'est pas arrêté...

a ☐ parce que les voleurs ne savaient pas la formule magique.
b ☐ parce que le moulin était cassé.
c ☐ parce que les voleurs ont laissé tomber le moulin dans la mer.

6 Essaie d'imaginer comment on pourrait récupérer le moulin magique.

ET TOI, QUI ES-TU ?

Résultats du questionnaire des pages 72 et 73

Si ton personnage est plutôt orange : **Tu es aventureux(se).**
Tu n'es ni peureux(se), ni casse-cou. Tu aimes bien l'aventure, mais tu sais aussi mesurer le danger et t'arrêter quand il le faut.

Si ton personnage est plutôt rouge : **Tu es téméraire.**
Tu n'as pas peur du danger. Tu aimes l'action et tu sais prendre rapidement des décisions. Attention, ne va pas trop vite, essaie de réfléchir à tout ce qui peut t'arriver avant de « foncer », autrement les autres diront que tu es un casse-cou.

Si ton personnage est plutôt vert : **Tu es prudent(e).**
Tu sais faire attention et mesurer le danger. Tu prends toujours des précautions. Tu réfléchis avant d'agir, c'est bien, mais n'hésite pas trop longtemps avant de te décider... Tu es tout à fait capable de réussir !

Un métier peu connu : paludier

RECHERCHE

1 Qu'est-ce qu'un paludier ?

Le métier de paludier consiste à récupérer le sel dans les marais salants (on dit aussi **les salines**).
En France, il existe des salines dans le Midi et en Bretagne.

2 Qu'est-ce qu'un marais salant ?

C'est un immense terrain plat en bord de mer. Il est divisé en petits rectangles de dix mètres sur sept environ, qu'on appelle **« des œillets »**. Chaque « œillet » est bordé de petits murs en argile. Lorsque la mer est haute, on fait entrer l'eau dans les œillets par de petits canaux qu'on appelle **des « étiers »**. Avec des vannes, on règle la hauteur de l'eau dans chaque œillet : cinq centimètres, pas plus. Elle va s'y évaporer tout doucement.

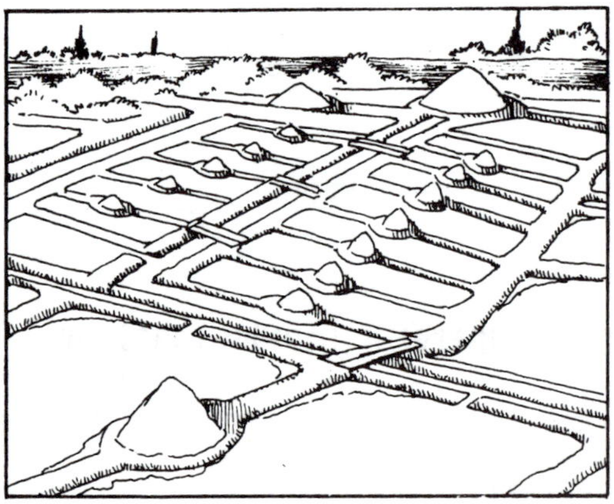

Une saline

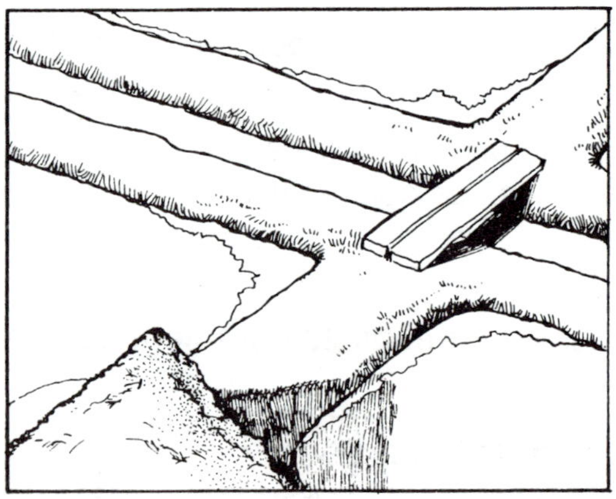

Un étier

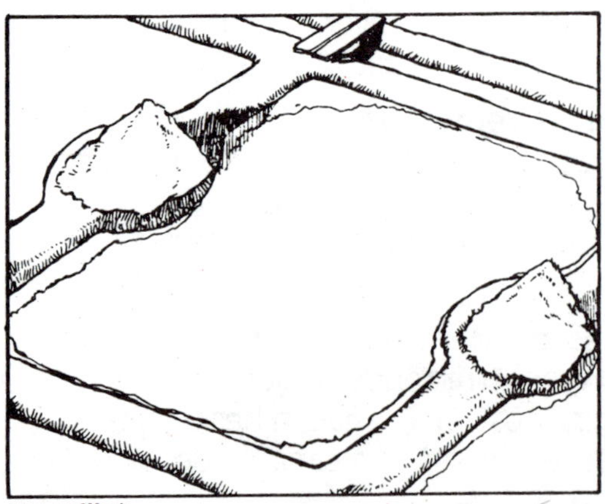

Un œillet

Une salorge

3 Comment récolte-t-on le sel ?

On laisse l'eau s'évaporer pendant plusieurs semaines. Le sel forme, peu à peu, une pellicule blanche à la surface de l'eau. C'est **le sel blanc** ou **fleur de sel** qu'on ramasse avec une grande pelle. On dit ici qu'on **« cueille le sel »**.
Ensuite, lorsque toute l'eau s'est évaporée, on tire **le sel gris** avec un grand râteau.
Le sel est mis à sécher, en petits tas, puis stocké dans une grange spéciale, **« la salorge »**, construite toute en bois.

4 Quand récolte-t-on le sel ?

Le paludier cueille le sel de mai à septembre. Le reste du temps, il entretient ses œillets.

QUESTIONS

Utilise le texte pour répondre aux questions.

1 Coche la phrase exacte.
☐ **L'œillet** est un outil : le paludier s'en sert pour ramasser le sel.
☐ L'eau de mer arrive dans **la saline** par **les étiers** puis elle s'étale dans **les œillets.**
☐ Le sel de mauvaise qualité s'appelle de **la salorge**.

2 Coche la réponse correcte.
Si la mer est basse et qu'on ouvre les vannes d'un étier...
☐ l'œillet va se remplir. ☐ l'œillet va se vider.

3 Qui, sur le dessin, est en train de **cueillir de la fleur de sel ?**

– un paludier ramasse le sel gris au râteau.

– une paludière ramasse le sel blanc à la pelle.

Réponse : ☐ le paludier ☐ la paludière

4 Que peut dire le paludier en voyant tomber la pluie sur ses œillets au mois d'août ?
☐ Chic ! Avec la pluie, j'aurai plus de sel.
☐ Zut ! Avec la pluie, j'aurai moins de sel.

10 Bilan

Plusieurs mots pour le dire (II)

VITESSE

1 **Relie chaque mot en rouge et son synonyme de la liste voisine.**

une pierre ☐	☐ **rapidement**	un restaurant ☐	☐ **désert**
peindre ☐		sauvage ☐	
nigaud ☐	☐ **un galet**	se nourrir ☐	☐ **un self**
vite ☐		inhabité ☐	
toujours ☐	☐ **naïf**	difficilement ☐	☐ **se restaurer**
un livre ☐		freiner ☐	
voleur ☐	☐ **épargner**	sévère ☐	☐ **péniblement**
économiser ☐		discrètement ☐	

des jérémiades ☐	☐ **gravir**	aveuglant ☐	☐ **sans cesse**
beaucoup ☐		une maison ☐	
un short ☐	☐ **énormément**	secrètement ☐	☐ **permettre**
grimper ☐		habile ☐	
ébahi ☐	☐ **éberlué**	autoriser ☐	☐ **une demeure**
tordre ☐		toujours ☐	
favorable ☐	☐ **des plaintes**	un bouquet ☐	☐ **adroit**
bien ☐		accélérer ☐	

2 **Relie chaque mot en rouge et son synonyme de la liste voisine.**

un moment ☐		un abricot ☐	
le chef ☐	☐ **UN INSTANT**	se hâter ☐	☐ **TRÈS CONNU**
l'explication ☐		un texte ☐	
le travailleur ☐	☐ **UN ILLUSTRÉ**	célèbre ☐	☐ **SANS PAYER**
un magazine ☐		un bœuf ☐	
défendre ☐	☐ **INTERDIRE**	un poêle ☐	☐ **UNE H.L.M.**
sûrement ☐		un immeuble ☐	
fier ☐	☐ **CERTAINEMENT**	gratuitement ☐	☐ **SE DÉPÊCHER**

simplement ☐	☐ **BOIRE**	soigneux ☐	☐ **SE DISTRAIRE**
se désaltérer ☐		l'estomac ☐	
une manière ☐	☐ **ÉPOUSTOUFLANT**	une montre ☐	☐ **AVEC BRUIT**
bavard ☐		myope ☐	
le souffle ☐	☐ **MODESTEMENT**	s'amuser ☐	☐ **APPLIQUÉ**
mirobolant ☐		souriant ☐	
un balai ☐	☐ **UNE MÉTHODE**	compter ☐	☐ **UN CHRONOMÈTRE**
un carrosse ☐		bruyamment ☐	

COMPRÉHENSION

Des mots qui chantent en chœur (II)

L'araignée de Madeleine LEY

Araignée grise,
Araignée d'argent,
Ton échelle exquise
Tremble dans le vent.

forment des rimes alternées.

La chanson des bergers de Victor HUGO

Viens ! une flûte invisible
Soupire dans le verger,
La chanson la plus paisible
Est la chanson du berger.

forment aussi des rimes alternées.

1 **À toi, maintenant, de vérifier si, dans chaque groupe, les mots forment bien des rimes alternées. Coche si c'est faux. *Voici trois exemples :***

☐	☒	☐
dix	du fil	du sirop
Astérix	le fusil	un coq
six	un outil	le zoo
Obélix	gentille	un phoque

a ☐	b ☐	c ☐	d ☐
une rose	souvent	du tabac	un chat
un os	ils écoutent	un sac	une date
une chose	ils se sauvent	l'estomac	un rat
la noce	le vent	le trac	une datte

e ☐	f ☐	g ☐	h ☐
du nerf	la leçon	une boisson	ma cousine
Joseph	le balcon	la maison	du raisin
un cerf	un garçon	un toboggan	un magazine
un chef	des flocons	la conjugaison	un magasin

2 **Lis les poèmes en haut de page et dis si, dans chaque groupe, les mots forment bien des rimes alternées. Coche si c'est faux :**

a ☐	b ☐	c ☐	d ☐
...une blouse	mon filleul	...une fille	Brigitte
...une trousse	un tilleul	...la ville	du ski
...douze	de l'ail	...la coquille	Édith
...la mousse	l'écureuil	...Gilles	Bon appétit

e ☐	f ☐	g ☐	h ☐
...hélas !	du tennis	...une brosse	...stop
...le matelas	une souris	...un vase	...du cacao
...un atlas	un tournevis	...un gosse	...myope
...Nicolas	un colis	...la chasse	...de l'eau

Des oiseaux et des nids

VITESSE

1 **Donne à chaque phrase le numéro du dessin qui l'illustre.**

a ☐ **L'ombrette** est une cigogne qui vit en Afrique. Elle construit avec des brindilles une maison toute ronde plus grosse qu'un ballon de foot.

b ☐ **L'oiseau couturier** fait son nid dans une grande feuille d'arbre. Il en coud les bords pour faire un cornet et place du duvet ou de l'herbe sèche à l'intérieur.

c ☐ **L'oropendola** construit un nid qui ressemble à une grande chaussette pendue sur un séchoir.

d ☐ Le nid du **tisserin de Cassin** est tressé avec des brindilles arrachées au palmier (dessous et à droite du nid de **l'oiseau couturier** sur le dessin).

e ☐ Le nid du **tisserin de Baya** ressemble beaucoup à celui de son cousin le **tisserin de Cassin** (il se balance à l'extrême gauche sur le dessin).

2 **Donne à chaque phrase le numéro du dessin qui l'illustre.**

a ☐ Pour tisser son nid, **le nectarivore** utilise des brins d'herbe et des toiles d'araignée (au bas et à droite sur le dessin).

b ☐ **Le canari du Cap** est très méfiant. L'entrée de son nid a deux portes : une vraie, qu'il peut fermer, et une fausse pour tromper les voleurs.

c ☐ **L'oiseau potier** construit, en argile, un petit « deux pièces » très solide avec entrée et chambre à coucher (tout en haut de l'arbre).

d ☐ Le nid de la **salangane** est bon à manger ! Il est fait avec des algues que l'oiseau colle avec sa salive. Avec ces nids, les Chinois font leur célèbre potage aux nids d'hirondelles (juste au-dessus du nid du **nectarivore**).

e ☐ Le nid du **canari de Turquie** est solide, souple et chaud comme du feutre. Les enfants s'en servent parfois comme chaussons (juste au-dessous du nid de l'**oiseau potier**).

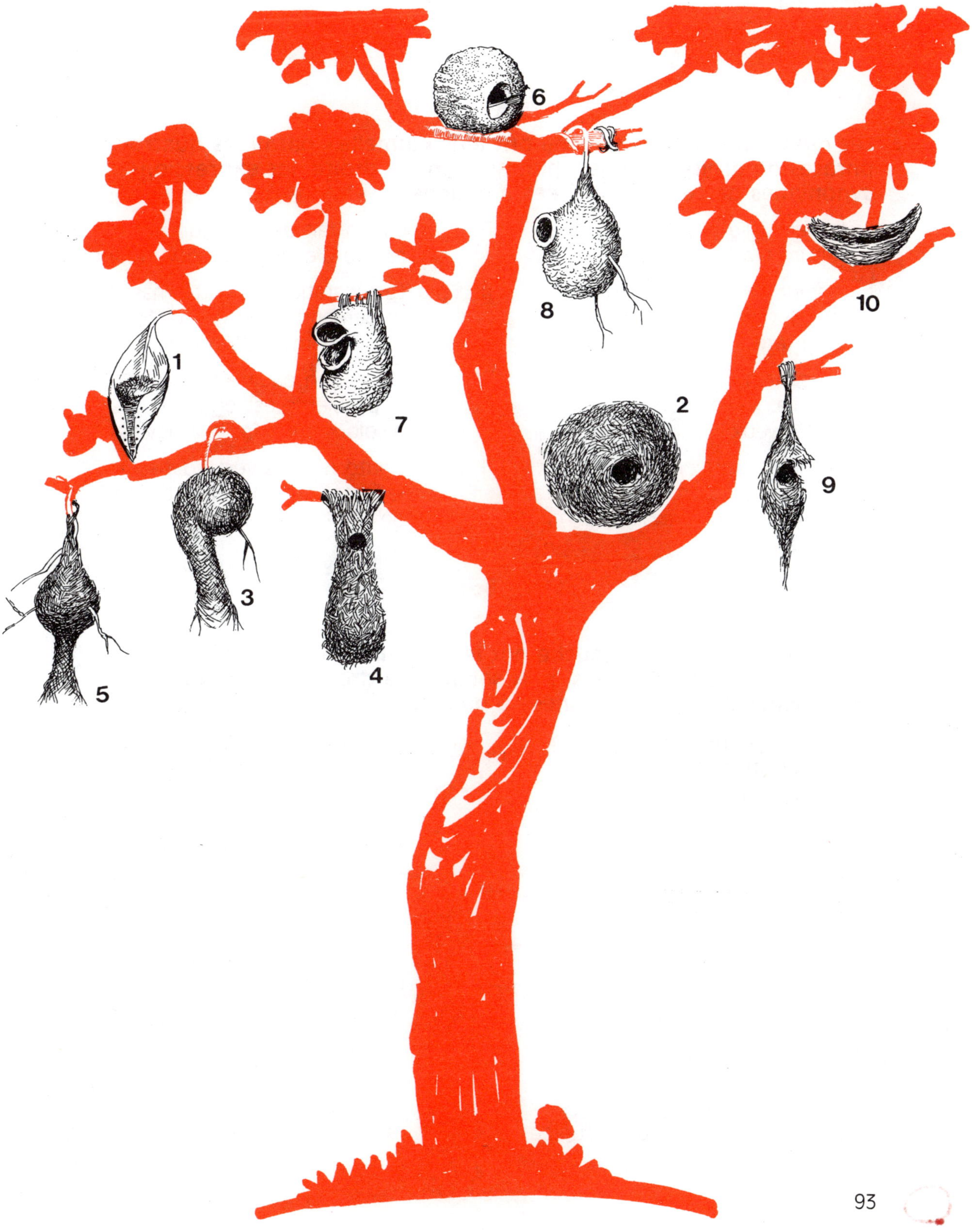
6
8
10
1
7
2
9
3
5
4

COMPRÉHENSION

La puce à l'oreille !

1

Les quatre phrases de gauche ont leur « jumelle » parmi les quatre phrases de droite. Relie-les, puis souligne, à droite, les expressions synonymes de celles soulignées à gauche.

1 Il s'en est fallu d'un cheveu que la voiture n'aille au fossé. ☐

2 Il ne veut pas suivre les conseils qu'on lui donne et il n'en fait qu'à sa tête. ☐

3 Voyons, Arthur, ce problème est très facile : la solution crève les yeux ! ☐

4 Cette maison est en mauvais état. À vue de nez, je crois qu'il faudra plusieurs mois de travail pour la réparer. ☐

○ **a** Il n'en fait qu'à sa guise et refuse d'écouter ce qu'on lui dit.

○ **b** La réparation de cette masure va demander, en gros, plusieurs mois de travail.

○ **c** Mais, mon pauvre garçon, ce problème est enfantin : la solution est facile à deviner !

○ **d** L'auto n'a pas versé dans le fossé, mais il s'en est fallu de peu !

2

Les quatre phrases de gauche ont leur « jumelle » parmi les quatre phrases de droite. Relie-les, puis souligne, à droite, les expressions synonymes de celles soulignées à gauche.

1 Antoine Petitbretelle est dans les ennuis jusqu'au cou : on lui a volé sa voiture, sa maison a brûlé et il vient de se casser la jambe. ☐

2 Après l'incendie, tous ses voisins ont proposé de lui donner un coup de main pour réparer les dégâts. ☐

3 Le dernier succès de ce chanteur est sur toutes les lèvres. ☐

4 L'orage a crevé d'un seul coup et des tonnes d'eau se sont mises à tomber. J'ai pris mes jambes à mon cou et je me suis réfugiée dans une grotte. ☐

○ **a** Tout le monde fredonne le dernier succès de ce chanteur.

○ **b** Il pleuvait dru ; une pluie d'orage violente. J'ai couru à toute vitesse me mettre à l'abri dans une grotte.

○ **c** Auto volée, maison incendiée, jambe cassée : le pauvre homme accumule au maximum les problèmes !

○ **d** Après le feu, tous les habitants du quartier ont proposé leur aide pour les réparations.

RECHERCHE

Une histoire de tous les diables

Lis ce texte. Les expressions soulignées sont expliquées dans la marge.

	1
	Personne ne voudra croire mon histoire,
que j'aille en enfer	et pourtant, que le diable m'emporte si je dis des mensonges !
	2
	Le père Antoine labourait son champ avec son
très, très	vieux tracteur, un tracteur poussif et diablement usé...
	Voici qu'un diable arrive, un vrai diable qui
méchancetés	cherchait à faire plein de vilaines diableries.
canaille	– Oh ! diable de paysan, dit le diable, que fais-tu donc ?
tonnerre de Brest	– Tu le vois bien, que diable, dit le paysan, je laboure ce champ qui m'appartient.
	– Faux, dit le diable, ta charrue descend trop profond dans la terre, tu ne laboures donc pas seulement le sol qui est à toi, mais aussi le sous-sol qui est à moi... Je réclame la moitié de la récolte. Tout ce qui poussera sur le sol sera à toi, tout ce qui poussera dans la terre sera à moi.
	3
drôlement	Le père Antoine était diablement rusé... il se gratta la tête pour mieux réfléchir et répondit :
Je vis mal	– Je tire le diable par la queue depuis bien
bon garçon	longtemps, mais avec toi, je serai bon diable, je veux bien partager. Toutefois... toutefois... si tu perds tu devras travailler six mois pour moi.
	– D'accord, d'accord... puisque je vais gagner ! dit le diable, sûr de lui. Allez, au travail, mon pauvre
bougre	diable. Je reviendrai pour la récolte.
	4
	Il revint à l'heure dite, car c'était un diable,
terriblement	diablement exact.
	– Voilà, dit le paysan, j'ai planté un beau champ de choux. Comme convenu, les choux c'est pour moi, les racines et les trognons, c'est pour toi.

	Ils allèrent au marché. Le paysan vendit ses choux un bon prix ; il était aux anges.
fortement	Le diable ne tira pas un sou de ses trognons et il était diablement en colère.

5

coquin de paysan	– Tu m'as trompé, diable de paysan, criait-il en bavant de rage, mais tu ne m'auras pas deux fois. Pour la prochaine récolte, tu auras tout ce qui pousse en terre et moi, j'aurai le reste.
ce roublard de	– D'accord, lui dit ce diable de père Antoine, mais si tu perds encore une fois, tu travailleras toute ta vie pour moi. Signe ici. Et le diable, sans réfléchir, mit sa griffe sur le papier.

6

	Cette fois, le père Antoine sema des carottes et des radis. À l'heure dite, le diable était là. Il emporta vite les feuilles au marché mais tous les gens se moquèrent de lui. Pendant ce temps, le
un argent fou	père Antoine se faisait un argent du diable avec ses carottes et ses radis.
Allez, file	– Va au diable avec ton champ, cria le diable en s'en allant. Mais le père Antoine le rattrapa par la queue et le fourra dans le réservoir à essence de son tracteur. – Par ici, le diable, maintenant que tu as perdu, travaille pour moi, tu remplaceras l'essence dans le réservoir.

7

	Depuis ce jour, le tracteur du père Antoine
infernale	a une force diabolique. Son voisin lui a demandé : – Père Antoine, votre tracteur fait un bruit
épouvantable	de tous les diables, qu'a-t-il donc ? – Ça, c'est bien vrai ! a répondu le père Antoine d'un air très mystérieux. Depuis quelque temps, on
est déchaîné	dirait que ce satané engin a le diable au corps ! Et il s'est mis à rire... à rire... du bon tour qu'il avait joué à ce sacré diable qui voulait trop faire le malin.

G. Rémond d'après un conte de Grimm

QUESTIONS

Tu peux regarder le texte pour répondre aux questions.

1 Voici des expressions avec le mot diable :

a) **va au diable**
b) elle **tire le diable par la queue**
c) **diablement**
d) un argent, une fortune... **du diable**
e) **un bon diable**

Elles peuvent remplacer les mots soulignés. **Note dans chaque case la lettre de l'expression qui convient. Tu peux t'aider du texte et des explications en marge.**

a) Ce gamin est <u>un bon petit gars</u>, il aime à rire et à faire des farces, ☐ mais il sait aussi rendre service.

b) Je suis <u>drôlement</u> en retard, ce matin ! ☐

c) Mme Hortense est veuve depuis 3 ans et <u>a bien du mal à gagner sa vie</u> ; ☐ elle fait des ménages pour nourrir ses trois enfants.

d) Le peintre espérait se faire <u>un argent considérable</u>, en vendant ☐ ses toiles aux touristes.

e) Allez, ouste, <u>fiche-moi le camp d'ici</u>, avec tes patins à roulettes. ☐

2 **Trouve les petits mots de liaison qui conviennent pour relier les trois parties de la phrase et coche-les.**

Avec ta charrue, tu laboures le sol et le sous-sol ☐ **ou** / ☐ **ni** / ☐ **mais** le sol est à toi

et le sous-sol est à moi, ☐ **donc** / ☐ **mais** / ☐ **ou** la moitié de la récolte est à toi,

l'autre moitié à moi.

♣ Le petit garçon et l'anguille

RECHERCHE

1 – Arthur ! Va chez le poissonnier, tu m'achèteras une belle anguille. Voilà une grosse pièce, surtout ne la perds pas, rapporte bien la monnaie et mets ta casquette à cause du soleil !
– Oui, maman !
Et Arthur, sa belle casquette sur sa tête, s'en va jusque chez le poissonnier par le chemin qui longe la rivière.

La suite de cette histoire a été mélangée. Retrouve l'ordre des paragraphes et note leur numéro sur ton cahier de brouillon. Pour t'aider, tu peux regarder la bande dessinée de cette histoire, page 60.

2 Arthur saute vite dans une barque et part à la pêche à la casquette. Il la rattrape juste au moment où elle allait sombrer : il était temps !

3 Sa mère ouvre le ventre de la bête pour la préparer, et que trouve-t-elle, dans son estomac ? devinez ! Quatre petites pièces, mes amis, juste la somme que le poissonnier aurait dû rendre à Arthur !

4 Tout en marchant, il fait sauter sa pièce en l'air pour s'amuser. Arrive ce qui devait arriver ! La pièce tombe à l'eau.

5 En voyant ce trésor, Arthur explique très sérieusement à sa mère :
– Tu sais maman, l'anguille a voulu absolument te rapporter, elle-même, la monnaie !

6 Arthur s'en retourne tout content à la maison avec sa prise miraculeuse : une si belle anguille vaut bien une casquette mouillée.

7 Mais que voit-il au fond de la casquette ? Une anguille, mes amis, une grosse anguille qui pèse bien un kilo.

8 Vite, Arthur se penche sur la berge pour voir où sa pièce a bien pu couler... et sa casquette bascule, à son tour, dans le courant.

11

Le mot étiquette

VITESSE

1 **Encadre, dans chaque liste, le mot étiquette.**

Exemple : pomme, poire, [fruit], orange, cerise.

1 les hirondelles, les corbeaux, une mésange, des autruches, des oiseaux, des canards.
2 la grippe, un rhume, des maladies, des bronchites, les oreillons, la rubéole.
3 un pistolet, des fusils, des mitrailleuses, des armes, des épées, une massue.
4 le judo, le karaté, le football, le ski, le sport, la course.
5 un drap, des serviettes, des torchons, des chemises, du linge, des chaussettes.

Voici trois mots étiquettes pour une liste, coche le plus précis.

PLANTES ☐ ALIMENTS ☐ LÉGUMES ☐

Épinards, carottes, pommes de terre, choux, haricots, petits pois.

2 **Encadre, dans chaque liste, le mot étiquette.**

1 tracteur, vélo, auto, véhicule, camion, avion, autobus, bateau.
2 des généraux, un caporal, un capitaine, des militaires, des colonels, des sergents, un commandant.
3 villa, château, H.L.M., habitation, cabane, hutte, maisonnette.
4 des pilules, un cachet d'aspirine, des médicaments, une tisane, du sirop contre la toux, des pommades.
5 collier, bague, boucle d'oreille, bijou, perle, broche, bracelet.

Trace un trait pour relier chaque mot étiquette à sa liste.

Listes	Mots étiquettes
tourterelle, hirondelle, poule, autruche, canari,	ANIMAUX
chameau, chat, lion, cheval, mouton, vache,	PLANTES
sapin, herbe, tulipe, salade, vigne, blé, fraise.	ÊTRES VIVANTS
	MAMMIFÈRES
	OISEAUX

COMPRÉHENSION

Deux qui font la paire

1 Voici des couples de mots. Coche les mauvais « mariages ».

Exemple :

☐ gigot // viande	exact	*(le gigot est bien de la viande.)*
☒ chien // chat	faux	*(le chien n'est pas un chat.)*
☐ chien // animal	exact	*(le chien est bien un animal.)*
☒ chapeau // sport	faux	*(un chapeau n'est pas un sport.)*

	A	B	C
1	☐ pomme // fruit	☐ tarte // dessert	☐ « chanter » // verbe
2	☐ hirondelle // oiseau	☐ jambon // charcuterie	☐ fourmi // insecte
3	☐ chaise // meuble	☐ dîner // repas	☐ boucherie // librairie
4	☐ carotte // légume	☐ eau // boisson	☐ poupée // jouet
5	☐ carotte // plante	☐ dentiste // bûcheron	☐ Paris // ville

	D	E	F
1	☐ carotte // poisson	☐ dix // nombre	☐ robe // vêtement
2	☐ rhume // maladie	☐ dictionnaire // livre	☐ chapeau // chaussette
3	☐ auto // moto	☐ Marseille // cartable	☐ pioche // outil
4	☐ oiseau // animal	☐ dentiste // métier	☐ librairie // magasin
5	☐ auto // véhicule	☐ Marseille // port	☐ chanter // mot

2 Voici des couples de mots. Coche les mauvais « mariages ».

	A	B	C
1	☐ brioche // gâteau	☐ tulipe // fleur	☐ chêne // arbre
2	☐ bague // bijou	☐ judo // sport	☐ chêne // sapin
3	☐ huître // coquillage	☐ eau // boisson	☐ bottes // parapluie
4	☐ drap // linge	☐ vache // animal	☐ sapin // fruit
5	☐ gruyère // fromage	☐ vache // taureau	☐ araignée // bestiole

	D	E	F
1	☐ truite // poisson	☐ fusil // arme	☐ araignée // serpent
2	☐ gruyère // yaourt	☐ flûte // instrument	☐ domino // jeu
3	☐ verre // pétrole	☐ Angleterre // pays	☐ bifteck // viande
4	☐ gâteau // nourriture	☐ fleur // plante	☐ bottes // chaussures
5	☐ poisson // baleine	☐ sport // distraction	☐ vipère // serpent

Des phrases bien titrées

VITESSE

1 Pour chaque phrase, Arthur te propose trois titres. Coche le bon.

1 Le clown a mis un costume multicolore pour amuser les spectateurs.

ACCIDENT ☐ **DÉGUISEMENT** ☐ **PRINTEMPS** ☐

2 Le père de Christophe rentre de la chasse ; il a tué, avec ses amis chasseurs, un sanglier de 200 kilos.

CHRISTOPHE ☐ **UNE BELLE SOIRÉE** ☐ **UNE BELLE CHASSE** ☐

3 Les élèves de CM2 sont allés 8 jours en classe de neige dans les Alpes. Ils ont skié et visité une ferme montagnarde.

SÉJOUR À LA MONTAGNE ☐ **LA MONTAGNE** ☐ **LA NEIGE** ☐

4 La station service est fermée et je n'ai plus une goutte d'essence dans le réservoir de ma voiture. Quelle catastrophe !

UN ACCIDENT ☐ **LA PANNE SÈCHE** ☐ **LA PANNE** ☐

5 Je suis inscrit au club de natation depuis 3 ans déjà. Chaque mois, nous faisons des compétitions.

ACTIVITÉ SPORTIVE ☐ **UNE BELLE PISCINE** ☐ **LA FÊTE** ☐

2 Pour chaque phrase, Arthur te propose trois titres. Coche le bon.

1 L'avion accidenté est couché sur le côté, il a une aile arrachée et le train d'atterrissage tordu : on dirait une bête blessée.

ATTERRISSAGE ☐ **ACCIDENT** ☐ **LE TRAIN** ☐

2 La mer était furieuse, les vagues éclaboussaient les rochers et un vent violent gonflait la voile du bateau.

LA TEMPÊTE ☐ **LA MER** ☐ **LE PÊCHEUR** ☐

3 Toute la classe a offert un bouquet de fleurs à la maîtresse pour son anniversaire.

LES ENFANTS ☐ **UN CADEAU** ☐ **UNE JEUNE MAÎTRESSE** ☐

4 Le train va partir : les derniers arrivés se poussent et se bousculent pour trouver une place dans les wagons.

LA GARE ☐ **EN VOYAGE** ☐ **LE DÉPART** ☐

5 Mon père ne sait vraiment pas jouer aux cartes : il confond le roi de pique et le roi de trèfle, le valet de cœur et le valet de carreau.

UN JOUEUR ÉTOURDI ☐ **UN TRICHEUR** ☐ **LE JEU DE TAROT** ☐

La bonne entrée (I)

COMPRÉHENSION

1 **Trace un petit trait vertical là où pourrait se placer le mot donné en marge.**

grosse — **1** C'est demain ma fête : maman a acheté une brioche et j'ai invité mes trois meilleurs copains.

grande — **2** M. Tardy est un excellent pêcheur ; il surveille les bouchons de ses lignes avec attention.

doucement — **3** Les feuilles des arbres commencent à montrer le bout de leur nez et le ciel est plus bleu que d'habitude.

tous — **4** Autrefois, mon grand-père était jardinier : c'est lui qui entretenait les massifs de fleurs de la ville.

bien — **5** Mon grand frère continue ses études à Toulouse ; il voudrait être pilote d'hélicoptère.

2 **Trace un trait vertical là où pourrait se placer le mot donné en marge.**

lui — **1** Un cygne glisse lentement sur les eaux du lac guettant les morceaux de pain que les promeneurs jettent.

rôtie — **2** Nous avons fait un repas de fête succulent avec du pâté, de la dinde, des haricots verts, du fromage de chèvre et de la tarte aux cerises.

qu'il — **3** Des savants pensent que, dans quelques milliards d'années, le Soleil va se mettre à grossir et va devenir 100 fois plus chaud qu'aujourd'hui.

énergiquement — **4** Arthur s'entraîne pour la course cycliste de dimanche prochain : il espère arriver dans les 10 premiers.

y — **5** Près de Lyon, il y a un grand musée de l'automobile. On peut voir des centaines de vieilles voitures.

L'escargot et le loup

MÉMOIRE

Lis ce conte, puis réponds aux questions.

1

Un soir de printemps, compère Loup file, ventre à terre, sur la route de Dijon. Sa longue queue court derrière lui, balayant la poussière du chemin.
Soudain, il freine des quatre pattes en voyant, au milieu de la route, un gros escargot qui avale, tout mou, tout doux, ses petits kilomètres d'escargot.
– Alors, chauffard, lui lance le loup mécontent. Il faut rouler à droite, surtout avec une caravane !
– Chauffard, toi-même, réplique l'escargot qui n'a pas peur. Je respecte au moins la limitation de vitesse, moi !... Mais, au fait, où cours-tu donc si vite, compère Loup ?
– Je vais à Dijon et je suis pressé.
– Eh ! bien, j'y cours, moi aussi, répond l'escargot.
Le loup se met à rire.
– Ah ! ah ! Les poules auront des dents quand tu arriveras.
– Crois-tu ? J'y serai avant toi.
Le loup se demande si l'escargot parle sérieusement.
– Eh ! bien, parions un déjeuner, dit-il d'un air moqueur.
– Pari tenu, répond l'escargot, sans hésiter... Et je suis bon joueur, je t'accorde même dix longueurs d'avance.
– Un...deux...trois..., récite lentement le loup en enfonçant sa casquette.
L'escargot en profite pour se fixer solidement à la longue queue du loup. Il s'y cramponne dur.
– Es-tu prêt ? lance le loup qui n'y voit goutte.
– Prêt, dit l'escargot.
– Partons.

2

Le loup file comme le vent. Il saute les fossés, grille les feux rouges, double à droite, prend l'autoroute et arrive tout essoufflé au péage de Dijon, avec l'escargot sur les talons... ou plutôt sur la queue.
Au péage, le loup n'a pas de ticket, il doit discuter longtemps et payer une amende. Pendant ce temps, l'escargot en a profité pour descendre de « voiture » et grimper, tout mou, tout doux sur le portillon.

De là-haut, il appelle le loup :
– Alors, on arrive seulement, on a dû traîner en chemin, l'ami.
– Mais... mais... dit bêtement le loup, tout surpris.
– Eh ! oui ! je suis déjà là ; j'ai donc gagné mon pari et j'attends avec impatience le déjeuner que tu vas m'offrir : j'ai une faim de loup !
– Mais... mais... dit le loup vraiment très surpris.
– Et surtout, pas d'escargot au menu, je déteste ! dit l'escargot d'un air goguenard.

Cet imbécile de loup n'a toujours pas compris !

G. Rémond

QUESTIONS

Tu n'as pas le droit de regarder le texte pour répondre aux questions.

1 Que dit le loup à l'escargot en l'apercevant au milieu de la route au début de l'histoire :
- **a** ☐ Alors, chauffard, il faut aller moins vite !
- **b** ☐ Alors, chauffard, il faut rouler à droite, surtout avec une caravane.
- **c** ☐ Alors, chauffard, il faut marcher à droite, surtout avec une coquille sur le dos.

2 « Les poules auront des dents quand tu arriveras ! » cela veut dire :
- **a** ☐ que l'escargot est une poule mouillée.
- **b** ☐ que l'escargot n'est pas près d'arriver.
- **c** ☐ que l'escargot n'avance même pas à la vitesse d'une poule.

3 Que parie l'escargot ?
☐ un repas. ☐ une casquette. ☐ un plat d'escargots.

4 Voici des infractions au code de la route. Coche les trois que le loup a commises.
- **a** ☐ Renverser un gendarme.
- **b** ☐ Griller des feux rouges.
- **c** ☐ Rouler à gauche.
- **d** ☐ Rouler sur l'autoroute à contresens.
- **e** ☐ Doubler à droite.
- **f** ☐ Prendre l'autoroute sans ticket.

5 Au péage de l'autoroute, l'escargot a eu tout le temps de monter sur le portillon :
- **a** ☐ parce que le loup s'était endormi de fatigue.
- **b** ☐ parce que le loup a dû discuter longtemps et payer une amende.
- **c** ☐ parce que le loup a été arrêté par les gendarmes.

Les Indiens de la forêt

RECHERCHE

Lis ce texte et regarde les illustrations pour bien comprendre. Tu répondras ensuite aux questions page 107.

Tu as déjà vu à la télévision la **forêt vierge d'Amazonie.** C'est là que vivent les **Indiens Yanomanos** selon **leurs coutumes.**

1

Leur maison

Un village yanomanos comprend une seule maison. C'est une immense **hutte** de branchage qui entoure une grande cour ronde. La maison peut abriter une centaine de personnes. Chaque famille possède son coin. Elle y installe les **hamacs** pour dormir, et le feu pour la cuisine.

2

Les vêtements

Les Yanomanos portent juste **un pagne.** Chez eux, il fait toujours très chaud : une chaleur lourde et humide comme en été, chez nous, par temps d'orage.
Les jours de fête, pour être beaux, les Yanomanos se parent de plumes ou de fleurs et se peignent le corps de rouge et de noir. Ils portent aussi des baguettes enfilées dans des trous percés dans les oreilles.

Leurs occupations

Pendant la journée, les femmes tissent, font le ménage,

préparent le **manioc** du repas ou s'occupent de leurs bébés. Les hommes sont cultivateurs et chasseurs. Avec des flèches longues de deux mètres et enduites de poison, ils chassent des perroquets, des tatous ou des singes.
Ils récoltent aussi du miel sauvage et grimpent à la cime de grands palmiers épineux pour cueillir des poupougnes.

3

La nourriture

On mange du manioc (une sorte de légume) mais aussi :
- des **poupougnes** qu'on cueille tout en haut de palmiers épineux,
- des fourmis ou des abeilles qu'on fera griller dans des feuilles,
- de la queue de crocodile, des tranches de serpent, du singe ou du **tatou** cuit dans la cendre,
- des bananes ou du miel sauvage, au dessert.

Les poupougnes

4

Un tatou

Les enfants

Les enfants apprennent à vivre en vrais Indiens.
Ils nagent et plongent dans la rivière, tirent à l'arc. Ils apprennent aussi à reconnaître les empreintes d'animaux, à repérer les serpents ou les araignées aux piqûres mortelles, à distinguer les plantes qui tuent et celles qui guérissent.
Ils jouent aussi avec des singes apprivoisés, ils se balancent au bout de longues lianes ou grimpent aux arbres en s'attachant les pieds.

5

D'après le livre *L'Amazone*, collection Globe Trotter, Larousse

QUESTIONS

Tu dois regarder le texte pour bien répondre aux questions.

Chaque dessin illustre une phrase d'un (ou de deux) paragraphe(s).
– Souligne dans le texte ces phrases illustrées.
– Relie chaque dessin au(x) titre(s) du (des) paragraphe(s) correspondant(s).

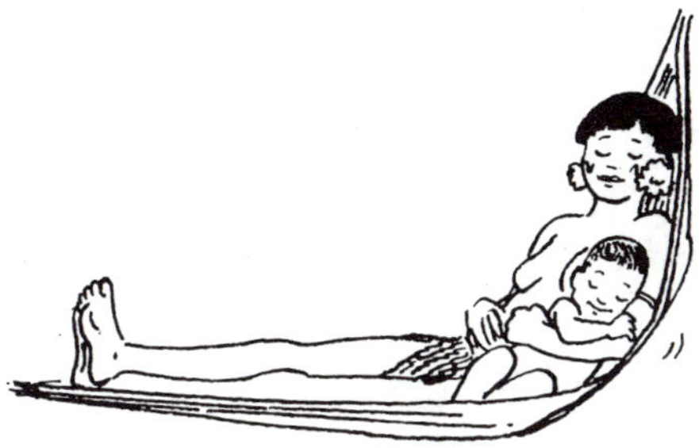

A

B

C

1 La maison

2 Les vêtements

3 Les occupations

4 La nourriture

5 Les enfants

D

E

F

Entoure le numéro du paragraphe où l'on parle du temps qu'il fait au pays des Yanomanos : 1   2   3   4   5

12

Les mots masqués

VITESSE

1 **Les titres t'indiquent « de quoi on parle dans chaque liste ». Barre vite, dans chacune, les mots qui n'ont rien à y faire. Attention aux pièges !**

1 FRUITS
pom[redacted] - poi[redacted] - pê[redacted] - or[redacted] - pr[redacted] - ce[redacted] - rai[redacted] - ba[redacted] .

2 OISEAUX
moi[redacted] - merl[redacted] - agil[redacted] - pi[redacted] - cor[redacted] - cou[redacted] - mes[redacted] - mou[redacted]

3 INSTRUMENTS DE MUSIQUE
fl[redacted] - pia[redacted] - gui[redacted] - trom[redacted] - tam[redacted] - vio[redacted] - c[redacted] de chasse - harmo[redacted]

4 MÉTIERS
cuisini[redacted] - boul[redacted] - bou[redacted] - épi[redacted] - culti[redacted] - den[redacted] - phar[redacted] - coif[redacted] - ma[redacted] - gen[redacted]

5 BOISSONS
ea[redacted] - j[redacted] de fruits - la[redacted] - v[redacted] - limo[redacted] - bi[redacted] - cham[redacted] - Co[redacted] Col[redacted]

2 **Les titres t'indiquent « de quoi on parle dans chaque liste ». Barre vite, dans chacune, les mots qui n'ont rien à y faire. Attention aux pièges !**

1 SPORTS
ten[redacted] - bas[redacted] - fo[redacted] - s[redacted] - kar[redacted] - Ju[redacted] - es[redacted] - para[redacted] - esca[redacted] - nat[redacted]

2 VÊTEMENTS
mail[redacted] - chemi[redacted] - ro[redacted] - ju[redacted] - panta[redacted] - ju[redacted] - an[redacted] - mart[redacted] - ves[redacted] - anor[redacted]

3 DES BÊTES QUI FONT PEUR ou QUI DÉGOÛTENT
pieu[redacted] - mill[redacted]-pat[redacted] - croc[redacted] - ton[redacted] - re[redacted] - chau[redacted] - arai[redacted] - vip[redacted] bro[redacted] - lim[redacted]

4 DES FLEURS
tuli[redacted] - mu[redacted] - margu[redacted] - violon[redacted] - li[redacted] - ro[redacted] - bleu[redacted] - coque[redacted] - chrysant[redacted]

5 DES OUTILS
mar[redacted] - li[redacted] - ha[redacted] - sc[redacted] - pi[redacted] - sel[redacted] - tour[redacted] - ten[redacted] - pin[redacted] - per[redacted]

COMPRÉHENSION

Les mots en balance (I)

1 **Deux mots sont liés sur le plateau gauche de la balance. À toi de trouver la même liaison sur le plateau de droite pour que la balance soit bien en équilibre. Coche la case qui convient.**

Premier exemple : abeille et miel — vache et ☒ lait / ☐ veau

Deuxième exemple : abeille et guêpe — lapin et ☐ vache / ☒ lièvre

1 nez et museau — pied et ☐ chaussures / ☐ patte

2 allumer et éteindre — partir et ☐ revenir / ☐ manger

3 tables et chaises — livres et ☐ cahiers / ☐ cinéma

4 table et repas — lit et ☐ cuiller / ☐ sommeil

5 livres et lecture — cahiers et ☐ écriture / ☐ gazon

6 cuisinier et métier — judo et ☐ sport / ☐ karaté

7 chaussure et lacet — pantalon et ☐ ceinture / ☐ culotte

8 vipère et animal	pomme et	☐ poire ☐ fruit
9 vipère et boa	chien et	☐ chienne ☐ loup

2 Deux mots sont liés à gauche. À toi de trouver la même liaison à droite. Coche la case qui convient.

1 noir et blanc	chaud et	☐ bavard ☐ froid
2 maladie et hôpital	match et	☐ stade ☐ ballon
3 table et meuble	manteau et	☐ vêtement ☐ hiver
4 arbres et feuilles	poules et	☐ plumes ☐ coq
5 pommiers et poiriers	poules et	☐ œufs ☐ canards
6 rire et pleurer	travailler et	☐ tricher ☐ se reposer
7 nuit et noir	mer et	☐ bateau ☐ bleu
8 sombre et obscur	gai et	☐ triste ☐ joyeux
9 maladie et fièvre	froid et	☐ verglas ☐ chaud

VITESSE

La bonne entrée (II)

1 **Parmi les deux mots proposés, souligne celui qui peut entrer dans la phrase, et indique sa place par une barre verticale.**

surtout	1 Les lièvres vivent dans les champs cultivés et les prés.	**jamais**
parmi	2 Le poisson-torpille paralyse sa proie avec une décharge électrique.	**puissante**
demain	3 J'ai reçu une longue lettre de mon correspondant anglais.	**hier**
longuement	4 Le médecin m'a examiné la gorge et ausculté les bronches.	**blanc**
aucun	5 Au cinéma, les acteurs peuvent traverser les vitres sans danger : elles sont en sucre.	**par**

2 **Parmi les deux mots proposés, souligne celui qui peut entrer dans la phrase, et indique sa place par une barre verticale.**

au moins	1 Le plus lent de tous les animaux est le paresseux. Il lui faut une minute pour avancer de deux mètres.	**seulement**
facilement	2 La tortue peut vivre jusqu'à cent cinquante ans. Quelle santé !	**moins**
régulièrement	3 Belém est une ville du Brésil, où il pleut tous les jours à la même heure.	**exacte**
paraît-il	4 En Amazonie, un nénuphar géant a des feuilles qui ont le diamètre d'une roue de vélo. Elles peuvent porter un enfant.	**évidemment**
totalement	5 Arthur a voulu jouer au sous-marin dans sa baignoire et a inondé la salle de bains.	**uniquement**

Mais où est donc ORNICAR ?

COMPRÉHENSION

1 Coche le mot de liaison qui attache convenablement les deux parties de chaque phrase.

1 Arthur n'aime guère le dessin ☐ et ☐ donc ☐ ni encore moins la musique.

2 Arthur voudrait bien apprendre à danser ☐ donc ☐ et ☐ mais il est souple comme un éléphant.

3 Quand il sera grand, Arthur voudrait être vétérinaire ☐ donc ☐ car ☐ ou explorateur.

4 Arthur voudrait être vétérinaire ☐ mais ☐ car ☐ ni il lui faudra passer beaucoup d'examens.

2 Coche le mot de liaison qui attache convenablement les deux parties de chaque phrase.

1 Arthur n'a pas pu aller à la piscine hier ☐ car ☐ ni ☐ et il s'est foulé la cheville.

2 Arthur ne peut plus aller à la piscine ☐ et ☐ mais ☐ donc sa mère l'oblige à aller à l'école.

3 Le pauvre Arthur a le pied dans le plâtre ☐ car ☐ donc ☐ et, en plus, il a une bonne grippe.

4 Arthur marche avec deux béquilles ☐ donc ☐ car ☐ ou il n'avance pas très vite.

5 Arthur ira en vacances au bord de la mer ☐ donc ☐ ni ☐ ou chez sa grand-mère à Paris.

L'auto-stoppeur

RECHERCHE

Lis ce texte, le plus vite possible, avec les yeux.
À la fin de chaque paragraphe, il y a un mot dans la marge, essaie de retrouver sa place dans le paragraphe.

1

Je suis très fier de la belle voiture que je viens d'acheter : elle est rouge avec deux gros phares et un gros allume-cigares.
Je roule avec pour la première fois, quand j'aperçois un homme qui fait du stop. Je suis « bon prince », je m'arrête et je baisse ma vitre.

neuve

2

– Où allez-vous, mon brave ?
L'homme inspecte ma voiture, crache un coup et me lance :
– Avec un tas de tôle pareil, tu vas bien m'emmener jusqu'à Maixembol ?
Et sans attendre ma réponse, il ouvre la portière et s'installe à côté de moi. Il a un pantalon et des souliers crasseux. Il a l'air d'un ours mal léché.
Je démarre sec, sans dire un mot. Lui non plus.

déchiré

3

Au bout de cinq minutes, il demande :
– Ça doit aller vite un engin pareil ?
– Euh ! oui.
– Du combien ?
– Je ne sais pas, je le pilote pour la première fois.
– Alors c'est le moment d'essayer. Allez, accélère un peu, pour voir.
Il ne manque pas de toupet, celui-là ! J'accélère de rage. 90...95... 100...110...
Il reprend :
– Mais, on se traîne, tu conduis comme un pépé !
Cette fois, il exagère.
– Monsieur, je ne vous permets pas...
Mais si, il se permet et même, il en rajoute :
– Allez, chauffard, double-moi cet escargot qui se traîne, on causera après.
Et je double à 120 une voiturette qui trottine sur la route.

vieux

J'écrase même l'accélérateur : 125...130... Je pense :
– Plus tôt ce malotru sera arrivé, plus vite j'en serai débarrassé. Mais, s'il ouvre la bouche encore une fois, je m'arrête et je l'oblige à descendre.
Et le voilà qui recommence.
– Mais, passe donc en troisième, mon gars, tu vois bien que ton moteur tire !
Cette fois c'en est trop, je ralentis pour le flanquer à la porte.

4

C'est à ce moment que je les aperçois dans mon rétroviseur : deux motards de la police. Ils sont sûrement à mes trousses pour excès de vitesse. Mon compte est bon !
Je m'arrête penaud et furieux à la fois :
Un gendarme s'approche :
– Alors, on est pressé ? VOS PAPIERS, s'il vous plaît !
– Voilà, Monsieur l'agent... mais il faut que je vous explique. C'est ce Monsieur...
Mon bonhomme me coupe la parole :
– Monsieur l'agent, ce chauffard qui m'a pris en stop conduit vraiment TRÈS, TRÈS MAL.
Je lui casserais volontiers la figure, mais il y a les gendarmes.
Je marmonne :
– Oh ! vous alors !
Le policier s'énerve et me dit :
– Le chauffeur c'est bien vous, donc le coupable c'est vous. Vous aurez droit à une amende et au retrait du permis de conduire, c'est clair !
Pour tout arranger, mon auto-stoppeur ajoute d'un air fâché :
– Mais je vais être en retard à Maixembol, moi, avec vos histoires... !
Il descend tranquillement de voiture et s'en va en sifflotant.
Depuis ce jour, je ne prends plus jamais personne en auto-stop, PLUS JAMAIS. D'ailleurs, pour le moment, je n'ai plus de permis de conduire !

sévèrement

G. Rémond

QUESTIONS

Tu dois regarder les histoires du loup et de l'auto-stoppeur pour ne pas te tromper.

Classe les images de chaque texte dans le bon ordre, et tu verras que ces deux histoires se ressemblent beaucoup. Pour t'aider, tu peux retourner ton livre et lire la phrase qui va avec chaque image.

Histoire de l'escargot et du loup. (page 103)

Les deux premières images sont bien à leur place.

1 Compère loup file, ventre à terre, sur la route de Dijon.

2 Le loup n'a pas de ticket, il doit discuter longtemps.

3 Un escargot qui avale, tout mou, tout doux, ses petits kilomètres d'escargot.

Histoire de l'auto-stoppeur. (page 113)

A Je roule avec pour la première fois.

B Je démarre sec, sans dire un mot, lui non plus.

C Il s'en va tranquillement en sifflotant.

Histoire de l'escargot et du loup (suite)

4

« Prêt... partons ! »

5

Cet imbécile de loup n'a toujours pas compris.

6

L'escargot grimpe, tout mou, tout doux, sur le portillon.

Histoire de l'auto-stoppeur (suite)

D

« Voilà, M. l'agent, il faut que je vous explique. »

E

J'aperçois un homme qui fait du stop.

F

Pour le moment, je n'ai plus de permis de conduire.

RECHERCHE

Les ancêtres du vélo

Remets dans le bon ordre les différents ancêtres du vélo, du plus vieux au plus récent. Classe d'abord les paragraphes, tu pourras ensuite classer les illustrations.

1

2

3

4

5

A

Un Allemand modernise le célérifère en y ajoutant un gouvernail comme sur les bateaux. C'est **la draisienne** qui permet de tourner beaucoup plus facilement.

B

Voici **un célérifère :** c'est le plus vieux vélo connu. Il est tout en bois et n'a ni guidon ni freins. Pour avancer on pousse sur le sol avec les pieds. Pour tourner, il faut s'arrêter, soulever l'engin et le placer dans la bonne direction. En France, à l'époque de la Révolution, le célérifère est un engin tout nouveau et on l'utilise pour faire chic !

C

Ce sont les Anglais qui ont inventé **le « grand bi »**. Pour aller plus vite, ils ont imaginé de mettre une très grande roue avant au vélocipède de M. Michaux.

D

Le vélocipède du Français Michaux est une draisienne perfectionnée avec des pédales. Elles sont fixées à la roue avant, comme sur les tricycles d'enfants aujourd'hui. Le vélocipède de M. Michaux va devenir très vite célèbre.

E

Mais le grand bi est un engin dangereux. Un Français, M. Sergent, invente la chaîne et un Anglais, M. Safety, a l'idée de mettre une chaîne sur un vélocipède. Les pédales ne font plus tourner la roue avant mais la roue arrière. La **bicyclette** est inventée, même si elle n'a pas encore de vrais pneus.

13

Le be . a . ba de l'A.B.C.

VITESSE

1

a) Arthur a relevé des mots de la liste avec leur numéro d'ordre. Complète lorsqu'il a oublié le numéro et vérifie qu'il n'a pas fait d'erreurs.

A		B		C		D	
5	ami	___	vieux	6	année	3	ainsi
58	maison	88	heure	___	temps	65	même
___	école	___	devoir	54	journée	___	peu
___	travail	27	père	8	printemps	___	s'entendre
45	fleur	___	bois	88	soleil	___	se rendre
60	blanc	66	oiseau	41	feuille	___	aussi

b) Les enfants ont écrit...

a) le mot **bien** plus de 2 700 fois. vrai ☐ faux ☐
b) le mot **ami** moins de 400 fois. vrai ☐ faux ☐
c) le mot **école** plus de 1 000 fois. vrai ☐ faux ☐
d) le mot **maison** plus de 1 000 fois. vrai ☐ faux ☐
e) le mot **comme** presque 1 000 fois. vrai ☐ faux ☐

2

a) Coche si le mot est bien dans la liste.

A	B	C	D
☐ saison	☐ quarante	☐ joie	☐ toujours
☐ frère	☐ jamais	☐ soir	☐ correction
☐ sœur	☐ heureux	☐ automne	☐ long

b) Les enfants écrivent...

a) le mot **papa** plus souvent que le mot **maman**. vrai ☐ faux ☐
b) le mot **petit** plus souvent que le mot **grand**. vrai ☐ faux ☐
c) le mot **noir** moins souvent que le mot **blanc**. vrai ☐ faux ☐
d) le mot **matin** moins souvent que le mot **soir**. vrai ☐ faux ☐
e) le mot **se rappeler** deux fois plus que le mot **peu**. vrai ☐ faux ☐

c) Où placerais-tu ces mots qui ne sont pas dans la liste ?

plumier ....entre 75 et 76
nuit ....entre ___ et ___
forêt ....entre ___ et ___
tortue ....entre ___ et ___
enfermer ....entre ___ et ___
quelquefois .....entre ___ et ___

Voici les 100 mots qui ont été le plus souvent écrits par des enfants dans un total de 5 000 textes.

A		
1	aimer	899*
2	ainsi	509
3	air	473
4	aller	2 032
5	ami	391
6	année	401
7	après	1 403
8	arbre	698
9	arriver	1 003
10	aussi	983
11	avec	1 703
B		
12	beau	1 238
13	beaucoup	625
14	bien	2 707
15	blanc	608
16	bleu	436
17	bois	806
18	bon	1 816
C		
19	car	641
20	cher	541
21	chercher	411
22	chose	492
23	chez	558
24	classe	708
25	comme	998
D		
26	dans	4 080
27	demander	381
28	deux	641
29	devoir	1 442
30	dire	1 483
31	donner	806
E		
32	eau	591
33	école	555
34	élève	400
35	encore	1 017
36	enfant	972
37	enfin	501
38	entendre (s')	692
39	entier	448
F		
40	faire	3 732
41	feuille	434
42	fin	397
43	finir	452
44	fleur	954
45	fois	546
46	frère	372
G		
47	grand	1 548
H		
48	heure	893
I (Néant)		
J		
49	joli	553
50	joie	417
51	jouer	627
52	jour	2 046
53	journal	372
54	journée	482
L		
55	leur	1 275
56	long	508
M		
57	mais	2 651
58	maison	993
59	maman	1 532
60	matin	848
61	même	514
62	mère	737
63	mettre (se)	964
64	mois	398
N		
65	noir	378
O		
66	oiseau	768
P		
67	papa	442
68	parent	488
69	partir	839
70	passer	1 027
71	pendant que	618
72	père	480
73	petit	2 843
74	peu	600
75	place	366
76	porte	611
77	pouvoir	1 031
78	prendre	879
79	printemps	462
Q (Néant)		
R		
80	rappeler (se)	1 200
81	rendre (se)	383
82	rentrer	663
83	retourner	423
84	revenir	636
85	rue	671
S		
86	savoir	471
87	soir	500
88	soleil	574
89	sortir	420
T		
90	temps	628
91	terre	373
92	tomber	519
93	toujours	684
94	travail	429
95	triste	753
96	trouver	647
U (Néant)		
V		
97	venir	930
98	vieux	416
99	voir	1 947
100	vouloir	715
W (Néant)		
X (Néant)		
Z (Néant)		

* Le nombre de droite indique combien de fois le mot a été écrit dans l'ensemble des 5 000 textes.

Extrait de *La Psychopédagogie des moins doués*, Nathan

COMPRÉHENSION

Mots croisés

1 **Pour faire ces mots croisés, tu dois chercher dans ta tête... et dans la liste alphabétique de la page 119.**

1 a) Dans la liste, mon premier vient juste après le mot « avec ».
b) Mon deuxième est le contraire de mal.
c) Mon troisième est le contraire de blanc.

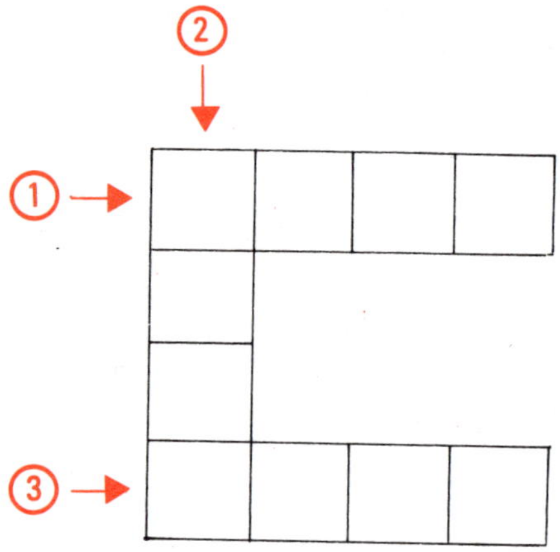

2 a) Mon premier, au pluriel, forme une forêt. Il a besoin, pour bien pousser, de mon deuxième et de mon troisième, parce qu'il boit et respire aussi.
b) Mon deuxième finit par un « r ».
c) Mon troisième finit par un « u ».

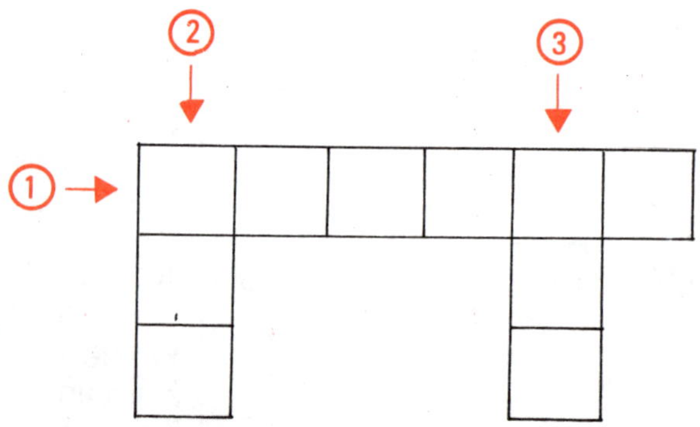

3 a) Mon premier est une couleur qui commence par un « b ».
b) Mon deuxième est aussi une couleur du drapeau français.
c) Mon troisième est encore une couleur qui est dans la liste.

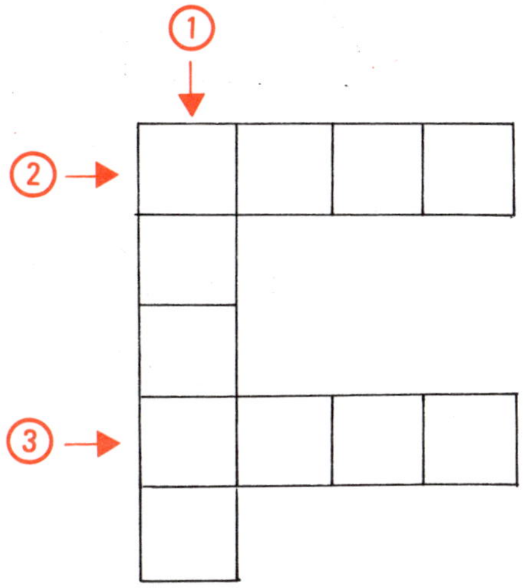

2 Pour faire ces mots croisés, tu dois chercher dans ta tête... et dans la liste alphabétique.

1 a) Mon premier est une habitation. Cherche sa première lettre dans les « m ».
b) Mon deuxième et mon troisième désignent la même personne. Cherche encore dans les mots qui commencent par un « m ».

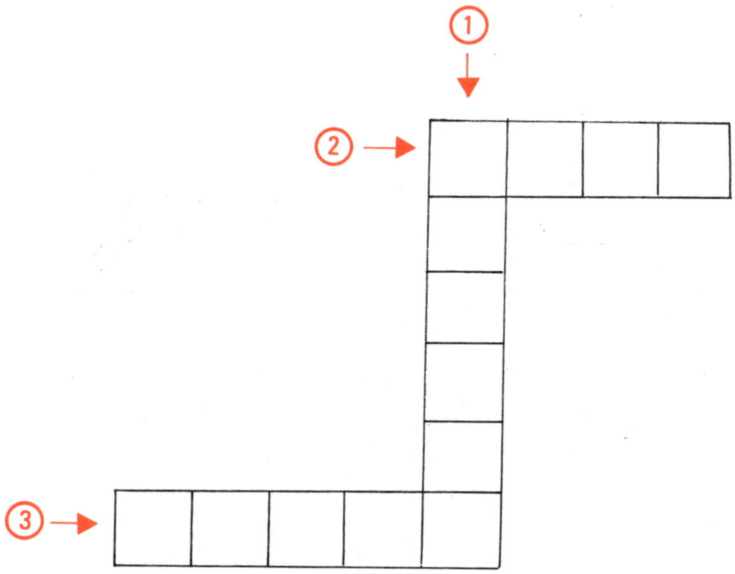

2 a) Mon premier est l'une des deux seules personnes de la liste dont le nom commence par un « e ».

b) Il faut rassembler mon premier pour faire mon deuxième. Dans la liste, il vient juste après « chez ».

c) Il faut rassembler mon deuxième pour faire mon troisième. Dans la liste, il est juste au-dessus de mon premier.

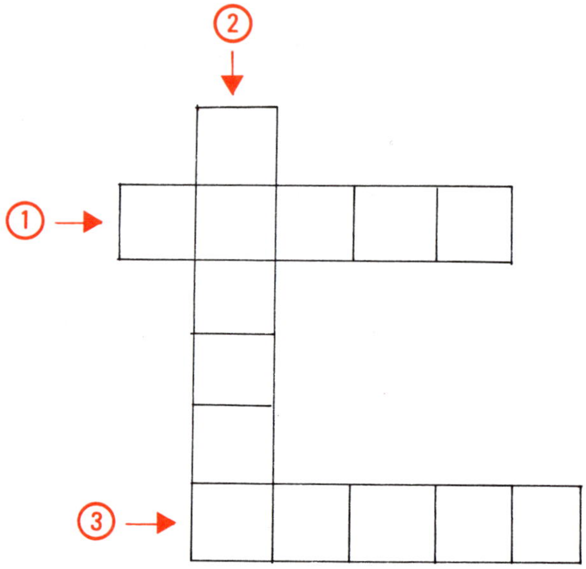

3 a) Mon premier est un nom de personne qui commence par un « p ».

b) Mon deuxième et mon troisième sont aussi des noms de personne qui se terminent par des « e ». À une lettre près, ce sont les mêmes mots.

c) Mon deuxième et mon troisième sont nécessaires pour faire mon sixième. Cherche dans les mots commençant par un « e ».

d) Mon quatrième n'a que trois lettres. Il sert au transport des gens.

e) Mon cinquième est le contraire de « ressortir ».

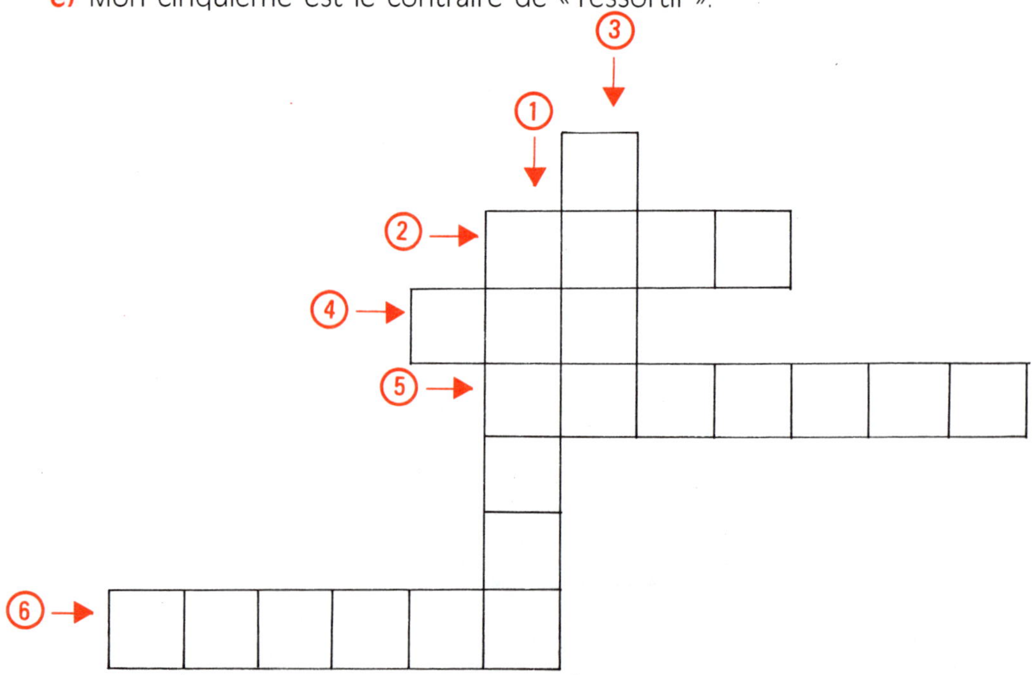

En bref !

VITESSE

1 Coche le titre qui résume le mieux l'idée principale de chaque phrase.

1 Mon frère s'est gravement blessé au genou en rentrant à vélo de l'école.
a ☐ Mon petit frère. b ☐ Blessure grave. c ☐ Un vélo.

2 Le chasseur part à la chasse, armé d'un beau fusil tout neuf et accompagné de son chien.
a ☐ Le fusil neuf. b ☐ Départ pour la chasse. c ☐ Le chien.

3 Ce matin, une nouvelle fusée Ariane a été lancée par les Européens depuis la base de Guyane.
a ☐ Nouveau lancement. b ☐ Nouvelle matinée. c ☐ Les Européens.

4 Le petit chat de Martine a l'air complètement guéri de sa maladie.
a ☐ Martine. b ☐ Le petit chat. c ☐ La guérison.

5 Trois alpinistes escaladent, en ce moment, une paroi rocheuse très difficile.
a ☐ Trois alpinistes. b ☐ Paroi rocheuse. c ☐ Escalade difficile.

2 Coche le titre qui résume le mieux l'idée principale de chaque phrase.

1 Les ouvriers de la ville ont nettoyé complètement le grand fossé qui passe près de chez nous.
a ☐ Les ouvriers. b ☐ Le fossé. c ☐ Le nettoyage.

2 Ce matin, on est venu à la maison livrer deux gros paquets pour ma mère.
a ☐ Livraison. b ☐ Gros paquets. c ☐ Ma mère.

3 Au supermarché, le prix du chocolat a augmenté de 10 centimes en quinze jours.
a ☐ Supermarché. b ☐ Augmentation. c ☐ Le chocolat.

4 Une équipe de maçons est en train de construire un grand immeuble de dix étages à côté de l'école.
a ☐ Des maçons. b ☐ Un immeuble. c ☐ Construction.

5 Pour le 14 juillet, les majorettes et la fanfare défilent, chaque année, dans les rues de la ville.
a ☐ Les majorettes. b ☐ La fanfare. c ☐ Le défilé.

Une grande famille

RECHERCHE

Regarde le tableau suivant. Ce sont les grands-parents, les parents et les enfants de toute une famille.

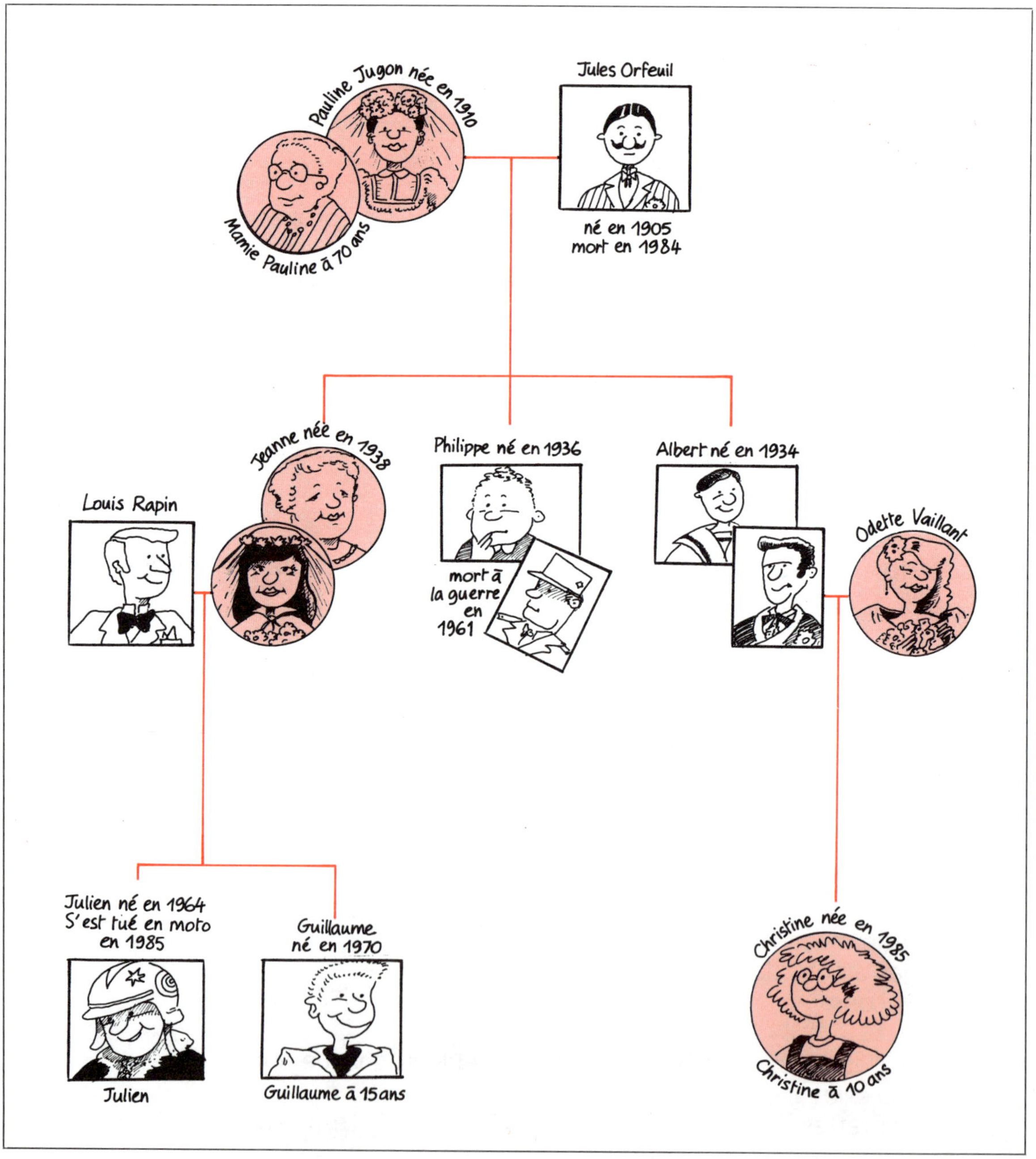

1 Coche les cases qui conviennent en t'aidant du tableau.

1 Jules ORFEUIL ET Pauline JUGON ont eu trois enfants : Jeanne, Hubert et Albert.
2 Philippe est le frère d'Albert.
3 La fille d'Albert ORFEUIL est mariée.
4 La mère de Guillaume s'appelle Jeanne.
5 Odette VAILLANT est la femme de Louis RAPIN.

VRAI	FAUX

Qui parle ?
Entoure le prénom de la personne qui parle.

– Le prénom de ma mère, c'est Odette.

– J'avais deux frères, l'un est mort à la guerre.

Jeanne Christine

Jeanne Pauline

2 Coche les cases qui conviennent en t'aidant du tableau.

1 Christine est la sœur de Guillaume.
2 Pauline JUGON s'appelle aussi Mme ORFEUIL.
3 Albert ORFEUIL avait un frère.
4 Le grand-père de Guillaume s'appelait Jules.
5 Christine s'appelle mademoiselle VAILLANT.

VRAI	FAUX

Qui parle ?
Entoure le nom de celui qui parle.

– Avec ton grand-père Jules, nous avons eu bien du mal pour élever nos trois enfants.

Jeanne Pauline Anne

– Oui, Philippe était le frère de mon mari.

Christine Pauline Odette

COMPRÉHENSION

Résumons-nous !

1 Coche la phrase qui résume exactement la phrase en gras.

Un chameau qui a marché longtemps sans boire peut avaler 100 litres d'eau en 10 minutes.

a ☐ Les chameaux peuvent marcher longtemps sans avoir mal aux pattes.
b ☐ Un chameau assoiffé peut boire beaucoup d'eau en peu de temps.
c ☐ Les chameaux résistent bien à la grande chaleur du désert.

Sais-tu que, dans un pays froid d'Asie, les fleuves gelés servent d'autoroutes en hiver ? La glace a deux mètres d'épaisseur.

a ☐ Quand il fait froid l'eau gèle.
b ☐ Les camions peuvent déraper sur le verglas.
c ☐ En hiver, dans certains pays, les fleuves deviennent parfois des routes.

Si tu te laves les dents avec du jus de citron, elles seront plus blanches et tes gencives seront plus fortes.

a ☐ Le citron est bon pour la beauté et la santé des dents.
b ☐ Le citron est un fruit qui pousse dans les pays chauds.
c ☐ Il faut se laver les dents chaque jour.

2 Coche la seule phrase qui résume exactement la phrase en gras.

Le guépard bat tous les autres carnassiers à la course (il court à 80 km/h avec, parfois, des pointes à 115 km/h).

a ☐ Le guépard vit surtout en Afrique, il chasse les gazelles.
b ☐ Le guépard est le plus rapide des carnassiers.
c ☐ Le guépard miaule et ronronne comme un chat.

Le premier homme qui est allé dans l'espace est un Russe : Youri Gagarine, le 12 avril 1961.

a ☐ Des astronautes américains sont déjà allés sur la Lune.
b ☐ Le Russe Youri Gagarine est mort dans un accident d'avion.
c ☐ Un Russe, Youri Gagarine, fut le premier astronaute en 1961.

En 1900, beaucoup d'enfants étaient obligés de travailler dès l'âge de 12 ans : certains vendaient des lacets dans les rues.

a ☐ En 1900, les enfants n'allaient pas toujours à l'école.
b ☐ En 1900, des enfants gagnaient leur vie en vendant des lacets.
c ☐ En 1900, on n'achetait pas les lacets dans les magasins mais dans la rue.

Le petit prince hongrois

RECHERCHE

Ces deux phrases appartiennent au conte du petit prince hongrois. Indique avec une barre verticale leur place exacte dans le texte.

a) Alors le petit prince l'emmena dans son château aux quatre tours, aux cinq escaliers, aux quarante pièces et aux cinq cents fenêtres.

b) Le petit prince n'était pas marié et il s'ennuyait.

1

Il était bien joli le château du petit prince hongrois avec ses quatre tours, ses cinq escaliers en colimaçon, ses quarante pièces et ses cinq cents fenêtres.
Il était bien joli aussi le petit prince hongrois avec ses cheveux blonds et bouclés, ses costumes de velours et sa belle épée.

2

Mais voilà ! Il était seul, dans son château aux quatre tours, aux cinq escaliers, aux quarante pièces et aux cinq cents fenêtres.
Il décida donc d'aller se chercher une fiancée.
Mais il ne voulait surtout pas d'une fille qui l'épousât pour son château et sa couronne de prince. Il se déguisa donc en pauvre cocher et s'en alla par les rues de la ville.

3

Il entra d'abord chez un riche marchand :
– Que viens-tu faire ici, petit cocher ? demanda la fille du marchand qui servait au magasin.
– Je voudrais me marier, répondit tout net le cocher. Et si tu veux bien de moi, moi je veux bien de toi.
La fille du riche marchand se mit à rire :
– Tu es gentil, mon pauvre cocher, mais tu n'es ni assez bien, ni assez riche pour moi. Va plutôt voir la fille du vannier qui habite quelques maisons plus loin.

4

Le cocher entra chez le vannier :
– Paniers ou corbeilles ? demanda la fille du vannier qui tenait le magasin de son père.
– Ni l'un, ni l'autre, répondit en souriant le cocher. Je cherche une fiancée et si tu veux bien de moi, moi, je veux bien de toi.

– Je ne sais pas si je suis la femme que tu désires, répondit en rougissant la fille du vannier, mon père est très pauvre. Mais si tu veux bien de moi, moi je veux bien de toi.
Le cocher ne répondit rien. Il salua poliment et s'en retourna dans son château.

5

Il mit alors son plus bel habit de velours, prit la grande épée ornée de diamants, se coiffa de sa couronne de prince et retourna en ville.
Il entra chez le riche marchand.
– Veux-tu de moi pour mari ? demanda-t-il à la fille qui lui avait ri au nez le matin même.
– Oh ! oui, mon prince, quel honneur pour moi et mes parents !
Mais elle fut toute surprise de s'entendre répondre :
– Comme tu n'as pas voulu du pauvre cocher de ce matin, ton prince ne veut plus de toi cet après-midi.
Et il sortit, sans saluer ni se retourner.

6

Il entra chez le vannier.
– Je te veux pour princesse. Veux-tu m'épouser ?
– Je suis très honorée de ta demande, oh ! mon prince, dit la fille du vannier, en baissant les yeux, mais j'ai donné ma main et mon cœur à un gentil cocher et je n'ai qu'une parole.
– Mais c'est moi le cocher que tu as vu ce matin.
– Alors si mon cocher veut bien que j'épouse le prince, moi je veux bien épouser le prince et le cocher, répliqua la fille du vannier.

On fit une très belle noce... la fille du riche marchand en tomba malade de jalousie.
C'est bien fait pour elle !

D'après *Histoires aux 4 vents* de Naha Caputo, Nathan

Les mots en famille

VITESSE

1 Les mots sont comme les gens, ils appartiennent aussi à une famille.

Exemple : justice et injuste sont d'une même famille, plantation et replanter sont d'une autre famille.

Dans les carrés ci-dessous, les mots vont toujours en famille et deux par deux, sauf un. À toi de trouver ce mot solitaire.

école grandeur nouveau dette têtu scolaire cultivateur endetté culture entêté grosseur renouveler grandir	inexact feuillage fuite dentier exactement atterrir docteur fuyard terrestre dentiste effeuiller	fermeture joie musique couvercle musicien enfariné nouveau joyeux porte découvrir renouveler refermer farine

2 **Dans chaque carré, les mots vont toujours en famille et deux par deux, sauf un. À toi de trouver ce mot solitaire.**

nager sablonneux long langage manche sang sable largeur langue sanguin emmancher natation longueur	caisse encaisser encercler lumière fermeture mer fermer couleur mère lumineux cercle colorier maritime	écrire chevelure citron conte bain raconter tronc citronnade écrivain cheveu bouton baignade déboutonner

COMPRÉHENSION

Un mot pour un autre

1 **Chacun de ces cinq mots peut remplacer le mot masqué d'une phrase. Donne-lui le numéro de la phrase dans laquelle il pourrait entrer.**

subitement **emmenés** **minuscules**

les rives **aussitôt que**

1 Les ouvriers construisent un pont qui va relier, dans un an, les [redacted] de la Loire.
2 [redacted] cette émission sur la préhistoire sera terminée, j'irai me coucher.
3 On les appelle aussi des « puces » : ce sont les [redacted] transistors qu'on voit dans les postes radio, les calculatrices ou les montres électroniques.
4 Les trois blessés vont être [redacted] par hélicoptère, vers l'hôpital le plus proche.
5 Les enfants sont couchés, la maison est devenue, [redacted] très silencieuse.

2 **Chacun de ces cinq mots peut remplacer le mot masqué d'une phrase. Donne-lui le numéro de la phrase dans laquelle il peut entrer.**

taillent **tandis que** **écart**

prenait soin **jouent**

1 À l'école de musique, les enfants [redacted] du violon ou de la trompette.
2 Le soleil se leva au-dessus de la montagne [redacted] les campeurs dormaient encore.
3 Au moment où l'enfant traversait la route, une voiture arriva en trombe et fit un brusque [redacted] pour l'éviter.
4 L'infirmière [redacted] de ses malades avec beaucoup de gentillesse.
5 Depuis deux jours, les cantonniers [redacted] la haie qui borde la cour de récréation.

En résumé

1 Voici des histoires d'animaux. Lis-les, puis complète le cadre.

1 La baleine bleue est le plus gros de tous les animaux. Elle peut mesurer 30 m de long : c'est la longueur d'une vingtaine d'enfants qui font la chaîne.

2 L'autruche est le plus gros des oiseaux : elle est tellement grosse qu'elle ne peut pas voler, mais elle court très vite (60 km à l'heure) : c'est la vitesse d'une mobylette.

3 L'albatros est un oiseau qui vit sans cesse au-dessus de la mer : il dort même en planant dans les airs.

4 Une fourmi peut transporter un grain de blé aussi gros qu'elle. Un enfant qui serait aussi fort pourrait porter un sac de blé de 100 kilos.

5 Certains oiseaux aiment vraiment les voyages : un oiseau de la famille des mouettes, le sterne, élève ses petits au pôle Nord puis va vivre le reste de l'année au pôle Sud.

> La phrase n° .... parle **du sommeil d'un animal.**
> La phrase n° .... parle **de la taille d'un animal.**
> La phrase n° .... parle **des voyages d'un animal.**
> La phrase n° .... parle **de la force d'un animal.**
> La phrase n° .... parle **de la vitesse d'un animal.**

2 Voici des informations. Lis-les, puis complète le cadre.

1 Les plus petits chevaux du monde mesurent à peine 60 cm de haut ; c'est à peu près la taille d'un bébé de 5 mois.

2 Le grand bi est un drôle de vélo inventé par les Anglais en 1870 ; plus la roue avant était haute, plus on pouvait aller vite.

3 Il y a très longtemps, les dentistes chinois arrachaient les dents directement avec les doigts ; ils s'entraînaient en arrachant des clous enfoncés dans une planche.

4 Au Moyen Âge, on n'utilisait pas d'assiette pour manger. On versait la soupe dans un trou creusé dans la table ; on mettait la viande ou les légumes sur de grosses tranches de pain.

5 Le stylo à bille a été inventé par un journaliste hongrois, monsieur Biro, en 1938. Avant, on écrivait avec des plumes d'acier, de verre ou des plumes d'oie.

> La phrase n° .... parle **d'un véhicule.**
> La phrase n° .... parle **d'un outil.**
> La phrase n° .... parle **des repas.**
> La phrase n° .... parle **de soins.**
> La phrase n° .... parle **d'un animal.**

COMPRÉHENSION

Mission remplie

1 Coche le ou les dessins qui correspondent bien à chaque consigne.

1 Dessine un drapeau qui sera partagé en trois parties égales et horizontales. Tu ajouteras un rond dans la partie du milieu.

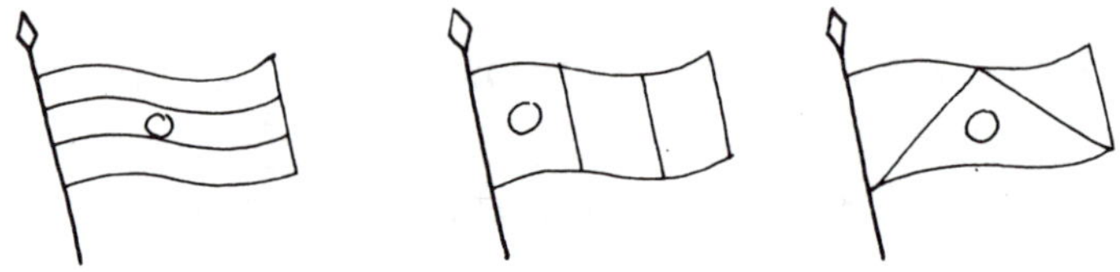

A ☐ B ☐ C ☐

2 Trace un cercle dans un rectangle. Le cercle sera placé en haut et à gauche et ne devra jamais toucher les côtés du rectangle.

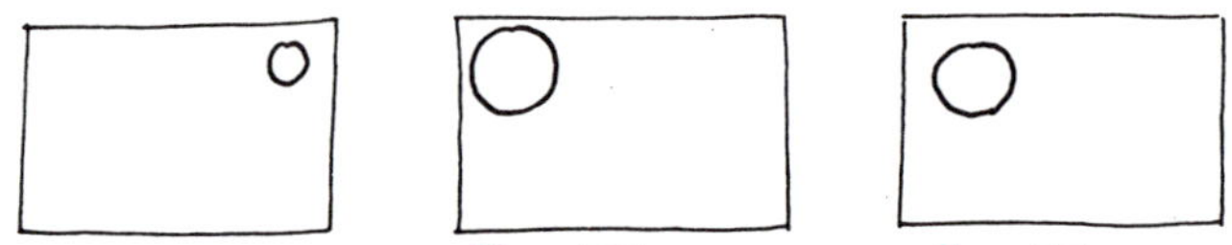

A ☐ B ☐ C ☐

3 Dessine un cercle surmontant un carré. Attention : le cercle et le carré se touchent par un seul point.

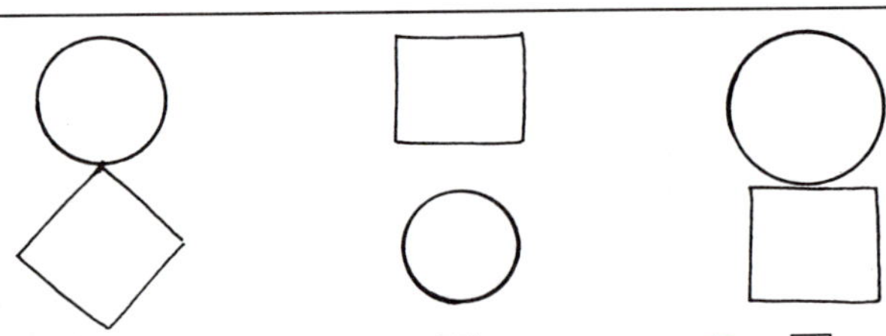

A ☐ B ☐ C ☐

4 Trace un cercle qui représentera un visage. Ajoute un trait pour la bouche, deux points pour le nez, un rond pour l'œil droit et un point pour le gauche.

A ☐ B ☐ C ☐

5 Dessine la coque d'un bateau avec deux mâts : le grand mât à l'avant portera deux voiles en forme de triangle. Le petit mât portera une seule voile triangulaire à l'arrière.

A ☐ B ☐ C ☐

6 Trace deux lignes droites de chaque côté d'une ligne ondulée.

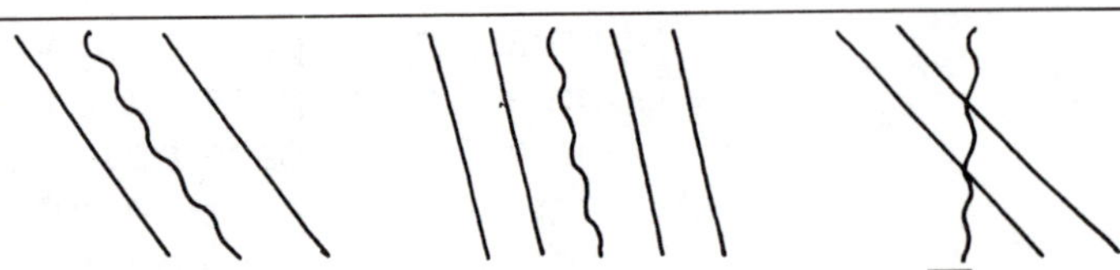

A ☐ B ☐ C ☐

2 Coche le ou les dessins qui correspondent bien à chaque consigne.

1 Ce drapeau est partagé en quatre parties égales et il y a une petite étoile à cinq branches dans la partie qui touche le bâton.

A ☐ B ☐ C ☐

2 Dessine, l'un dans l'autre, trois triangles de taille différente. Ils ne devront jamais se toucher.

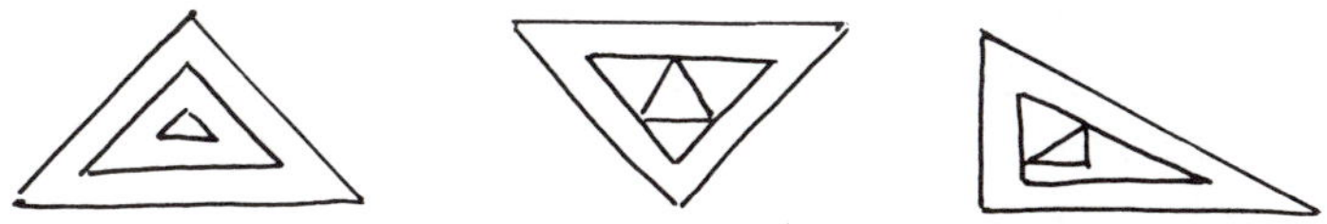

A ☐ B ☐ C ☐

3 Trois carrés et deux cercles alternent, l'un à côté de l'autre, et se touchent. Le diamètre des cercles et les côtés des carrés sont tous égaux.

A ☐ B ☐

4 Dessine trois cercles, de plus en plus petits, l'un dans l'autre. Ils se touchent tous par un point, en bas. Ajoute deux yeux, une queue en tire-bouchon et des pattes et tu auras un cochon.

A ☐ B ☐ C ☐

5 Une ligne droite relie le coin inférieur gauche du carré au coin supérieur droit. De son milieu part une deuxième ligne droite qui va vers le coin inférieur droit mais sans le toucher.

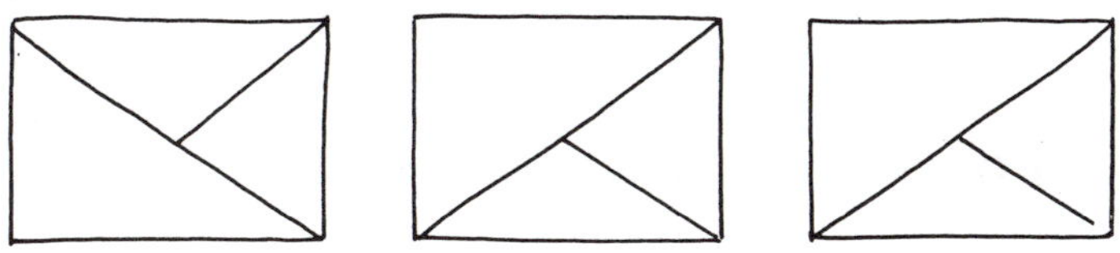

A ☐ B ☐ C ☐

6 Trace un rectangle enfermé dans un cercle et qui contiendra lui-même un triangle.

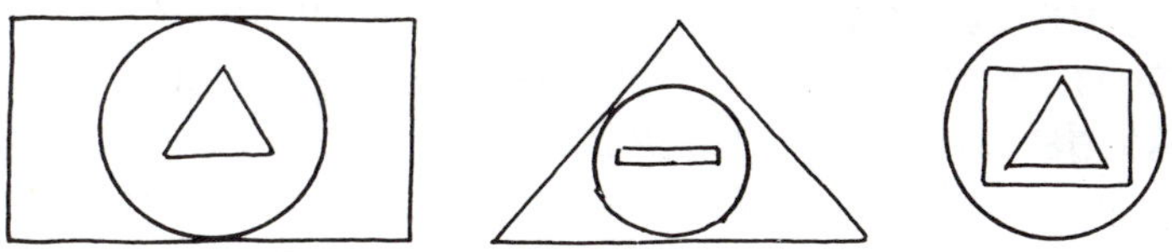

A ☐ B ☐ C ☐

VITESSE

À l'école Colchique

Histoire à lire, puis à dire comme au théâtre.
As de carreau, As de pique, As de trèfle, As de cœur, Tarzan, Sophie, Alice, Napoléon, sont élèves à l'école Colchique, une école peu ordinaire. Les élèves, le soleil et des hannetons y sèment la pagaille. Girouette, la maîtresse, est très en colère, et distribue des punitions plus bizarres les unes que les autres.

1

Girouette Anarchistes ! Anarchistes ! Voilà ce que vous êtes, mais je vais vous punir. Anarchistes, vous dis-je. À l'école Colchique, il n'y a pas de fumée sans feu ; aussi, il n'y aura pas de mauvais élèves sans punitions. Anarchistes... Organistes... Fumistes... Journalistes... Artistes... vous allez voir.

Girouette *(s'adresse à As de cœur)*
Toi, va dans la cour. Tu en feras le tour pendant quatre-vingts jours.

As de cœur Mais c'est impossible : demain, je vais chez le coiffeur, mardi chez le dentiste, mercredi au cinéma et, à partir de jeudi... à partir de jeudi... je rêve.

Girouette Peu importe, va et tourne dans la cour.

As de cœur Très bien j'y vais, j'y cours.

As de cœur sort

2

Girouette *(s'adresse à As de carreau)*
Toi aussi.

As de carreau Il faut que je tourne ?

Girouette Non pas. Tu vas dans la cour, jusqu'au bac à sable, et là, tu comptes : compte combien il y a de grains de sable dans le bac.

As de carreau Combien il y a de grains ?

Girouette Oui, compte tous les grains.

As de carreau *(en sortant)*
Ça va faire beaucoup. Un grain de blé par-ci, un grain de sable par-là ; un grain de sel par-ci, un grain de sable par-là ; un grain de beauté par-ci, un grain de sable

par-là ; un grain de folie par-ci, un grain de sable par-là...

Girouette *(à As de trèfle)*
À ton tour d'aller dans la cour, tu effaceras toutes les marelles.

As de trèfle Mais je ne sais pas effacer.

Girouette Comme cela tu apprendras, tu verras, effacer c'est facile.

(Un temps de silence)

Girouette *(s'adresse à As de pique)*
Allez ! Dans la cour !

As de pique Moi-z-aussi ?

Girouette Oui, toi aussi, va dans la cour. À ton tour, dans la cour. Tu descends et tu tournes.

As de pique Je tourne, moi ?

Girouette Dans la cour, tu tournes autour d'un arbre, en fermant les yeux.

As de pique En fermant les yeux ?

Girouette En fermant les yeux.

As de pique Mais comment faire ?

Girouette Tourne, tourne, comme la terre, comme les aiguilles d'une montre ou comme une toupie.

3

Les quatre As étant sortis, Girouette s'adresse à Tarzan, Sophie, Alice et Napoléon.

Girouette Tarzan, tu feras comme punition une addition.

Tarzan Une addition !

Girouette Additionne une paire de bottes de sept lieues plus six fourmis de dix-huit mètres, plus un géant haut comme trois pommes.

Tarzan Trois pommes de reinettes ou trois pommes d'api ?

Girouette Comme tu veux, mais attention, toi ne tombe pas dans les pommes.

(Un temps de silence)

Girouette Toi, Sophie, tu feras comme punition une multiplication. Tu vas multiplier trois bêtises de Cambrai par cinq violettes de Toulouse, le tout multiplié par cinq coups de tonnerre de Brest.

Sophie Le tonnerre, ça me tape sur les nerfs.

Girouette Dépêche-toi de compter avant que je ne tape du pied.

(Un temps de silence)

Suite page 136

Girouette *(à Alice)*
À toi. Tu diviseras sept petites notes de musique par un train de banlieue.

Alice Par quel milieu ?

Girouette Je n'ai pas dit le milieu ! J'ai dit par un train de banlieue.

Alice Si le train déraille, je tire le résultat à la courte paille.

Girouette *(à Napoléon)*
Toi, empereur, tu prendras, sans aucune erreur, une aurore boréale et tu lui soustrairas douze escargots de Bourgogne et cinq gratte-ciel.

Napoléon Ciel ! si ceci se sait !

Girouette Eh bien, si ceci se sait ?

Napoléon Si je soustrais, on va en déduire que je sais compter.

Girouette Ce sera parfait.

Napoléon Mais ce n'est pas vrai. Je ne sais compter sur personne, je ne compte que sur mes doigts.

4

(Girouette, à présent, va punir les hannetons)

Girouette *(aux hannetons)*
Quant à vous, hannetons étourdis et sans malice, vous resterez en classe jusqu'à minuit. Vous me copierez neuf cent quatre-vingt-dix-neuf fois votre nom : en majuscules, en minuscules et en somnambules.

Hanneton 1 Mais, à minuit, il fait nuit et tous les chats sont gris.

Girouette À minuit, les chats sont couleur de souris, oui.

Hanneton 1 Si on écrit jusqu'à minuit, on va être évanouis, oui !

Girouette Vous resterez jusqu'à minuit, vous resterez : vous êtes punis.

Y. Pinguilly, *La Troisième Chose extraordinaire de ce jour-là*, Bibliothèque rose, Hachette

Et toi, qui te commande... tes yeux ou tes oreilles ?

RECHERCHE

Pour chaque question, tu choisis la solution que tu préfères, puis tu colories chaque part du disque selon la couleur indiquée.

1 ***On vient de t'offrir un beau jeu électronique.***

a) ☐ Tu lis vite la notice explicative pour bien comprendre comment ça fonctionne. **Colorie le n° 1 en vert.**

b) ☐ Tu appuies vite sur tous les boutons... pour voir. **Colorie le n° 1 en jaune.**

2 ***Tu récites une leçon de sciences par écrit.***

a) ☐ Tu te rappelles bien ce que la maîtresse a raconté. **Colorie le n° 2 en vert.**

b) ☐ Tu te rappelles bien les images vues et les croquis que la maîtresse a dessinés au tableau. **Colorie le n° 2 en jaune.**

3 ***Tu regardes un livre à la bibliothèque ou dans une librairie et un camarade vient vers toi.***

a) ☐ Tu t'arrêtes de lire pour discuter avec lui. **Colorie le n° 3 en jaune.**

b) ☐ Tu aurais préféré ne voir personne pour pouvoir lire tranquillement. **Colorie le n° 3 en vert.**

4 ***En jouant dans la cour ou dans la rue tu as sali tes chaussures.***

a) ☐ Tu es embêté et tu te dépêches de les nettoyer. **Colorie le n° 4 en jaune.**

b) ☐ Tu penses : « Ce n'est pas grave ; ça ne se voit guère. » **Colorie le n° 4 en vert.**

5 ***Un camarade qui habite loin t'invite chez lui. Il t'explique au téléphone le chemin que tu dois prendre.***

a) ☐ En l'écoutant tu as très bien vu par où tu devais passer. **Colorie le n° 4 en vert.**

b) ☐ Tu n'as pas tout compris et tu aurais préféré qu'il t'envoie un plan. **Colorie le n° 4 en jaune.**

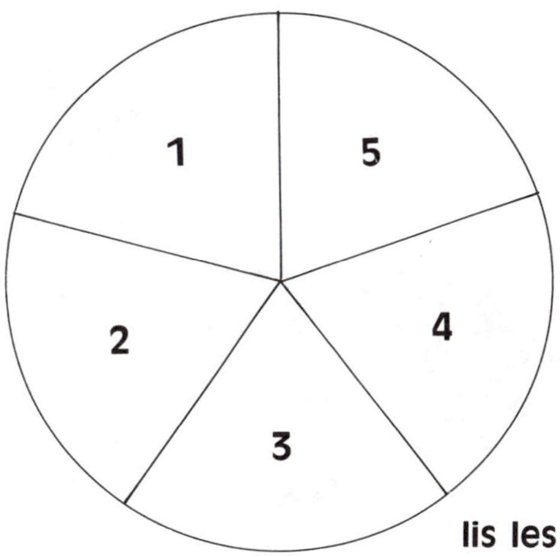

Pour savoir qui tu es, lis les explications page 147.

15 Bilan

Menteurs... oui ou non !

VITESSE

Signification des sigles

Camping gardé

Camping ombragé — Assez ombragé — Très ombragé

Salle de jeu

Bibliothèque

Télévision

Téléphone

Douche chaude — Douche froide

Piscine

Tennis

Pêche

Cheval

Chien autorisé — Chien non autorisé

Restaurant

Camping « Les Brimbelles » à Gérardmer dans les Vosges.

Camping « La Brière » à Guérande en Bretagne.

Camping « Zélaïa » à Castillon dans les Pyrénées.

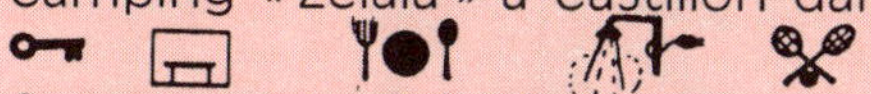

Camping « Le Tabarin » à Gap dans les Alpes.

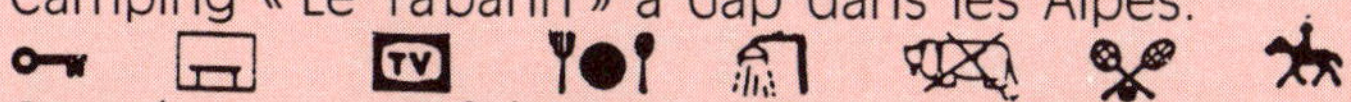

Camping « Les Mûriers » à Aubusson dans le Massif central.

1 **Lis ce que dit chaque enfant et vérifie s'il est ou non un menteur. Pour le savoir, tu dois lire les explications données ci-dessus et p. 138.**

C'est...	possible	impossible
Nicolas : – À Gérardmer, j'ai pu aller à la pêche tous les jours.		
Pierrette : – Nous, en Bretagne, à La Brière on a pu faire du cheval ; il faisait très chaud, mais notre tente était à l'ombre.		
Géraldine : Moi, au camping des Mûriers, j'ai pu regarder la télévision tous les soirs.		
Claude : – Au Tabarin, il y avait une belle piscine. Mon frère a même sauté du plongeoir de dix mètres.		
Lucie : – Moi, à Castillon, j'ai fait du tennis. Après chaque match, je pouvais prendre une bonne douche chaude.		

2 **Lis ce que dit chaque enfant et vérifie s'il est ou non un menteur.**

c'est	possible	imposible
Jean-Michel : – Dans les Alpes, au Tabarin, il y a une grande bibliothèque, juste à côté du restaurant.		
Francine : Au camping de Guérande, les chiens étaient interdits : comme ça on n'était pas dérangés.		
Sébastien : – À Gap, je faisais du cheval tous les jours.		
Fabrice : À Gérardmer, il y avait trois terrains de tennis. Il y a eu un concours et j'ai terminé premier.		
Aïcha : Avec mes parents, on est restés deux jours à Castillon. J'ai mangé une fois au restaurant du camping.		

Les mots en balance (II)

COMPRÉHENSION

1 Deux mots sont liés à gauche. Trouve la même liaison, à droite.

1 vélo et bicyclette — boulot et □ fatigue □ travail

2 le lever et le coucher — jour et □ nuit □ semaine

3 maçon et maçonnerie — charcutier et □ jambon □ charcuterie

4 pommade et médicament — oreillons et □ thermomètre □ maladie

5 maison et toit — montagne et □ sommet □ vallée

2 Deux mots sont liés à gauche. Trouve la même liaison, à droite.

1 lorgnons et lunettes — auberge et □ hareng □ restaurant

2 joie et peine — gentillesse □ pleurer □ méchanceté

3 hache et outil — jus d'orange et □ boisson □ poison

4 château et donjon — appartement et □ cuisine □ famille

5 pianiste et piano — artiste et □ instrument □ dentiste

Le langage du robot Arthor

VITESSE

1 Place le numéro de chaque phrase dite par le robot Arthor, devant la phrase qui dit <u>exactement</u> la même chose. Attention aux pièges !

1 DEMAIN... CLASSE... CE2... PARTIR... AVION... CANADA.

2 AVION... PARTIR... 8 H... ROISSY... ÊTRE À L'HEURE.

3 PIERRE... HOSPITALISÉ... URGENCE... MORDU... SERPENT... MOLLET.

4 FRANÇOISE... GAGNER... CONCOURS... GYM... ORLÉANS.

5 TGV... VENANT... NICE... ARRIVÉ... PARIS... GARE DE LYON... AVEC... 1 H RETARD.

a ☐ Demain toute la classe de CE2 va voir un film sur le Canada.

b ☐ Le T.G.V. qui vient de Nice est arrivé, en gare de Lyon, à Paris avec 1 h de retard.

c ☐ Pierre a mordu un serpent qui a été hospitalisé au mollet.

d ☐ L'avion partira à 8 heures de Roissy ; soyez bien à l'heure.

e ☐ Françoise a perdu son sac de gymnastique à Orléans.

f ☐ La classe de CE2 prend l'avion, demain, pour le Canada.

g ☐ L'avion prend un bain, de 8 jours à Roissy : il est heureux.

h ☐ Françoise a terminé première au concours de gymnastique d'Orléans.

i ☐ Pierre a été mordu au mollet par un serpent ; il a été hospitalisé d'urgence.

j ☐ Le T.G.V. est allé à Nice chercher, pendant une heure, la gare de Lyon qui s'était perdue à Paris.

2 **Place le numéro de chaque phrase dite par le robot Arthor, devant la phrase qui dit exactement la même chose. Attention aux pièges !**

1 ENVOYER... PAR HÉLICOPTÈRE... MATÉRIEL MÉDICAL... SOINS... BLESSÉS.. NÉCESSAIRES.

2 DEMAIN... DESCENTE... RIVIÈRE... KAYAK... AVEC ÉQUIPE... NIVEAU... EAU... EXCELLENT.

3 MONTER... AU CAMP... NOURRITURE... BOISSON... ENFANTS FATIGUÉS... COUCHONS... ICI... CE SOIR...

4 VU... ÉRUPTION... VOLCAN... SPECTACLE... MAGNIFIQUE... MAIS DANGEREUX... LAVE... FUMÉE... EXPLOSION...

5 COMPOSITION MATHÉMATIQUES... ARTHUR... DÉSASTREUSE... DEVRA... TRAVAILLER... DAVANTAGE.

a ☐ Le professeur d'Arthur doit mieux apprendre ses leçons de mathématiques.

b ☐ J'ai vu au cinéma un film sur les volcans : c'était tellement beau que le cinéma a pris feu.

c ☐ Envoyez-nous très rapidement, par hélicoptère, du matériel médical pour soigner les blessés.

d ☐ Demain la rivière descend en kayak pour s'amuser.

e ☐ Il faut monter au camp de la nourriture et de la boisson ; nous passerons la nuit ici car les enfants sont fatigués.

f ☐ J'ai vu l'éruption du volcan. C'est un spectacle magnifique, mais dangereux à cause de la lave, de la fumée et des explosions.

g ☐ Les enfants sont fatigués de porter la nourriture et les boissons ; ils font la grève et ne veulent plus avancer.

h ☐ Le niveau de l'eau est excellent : toute l'équipe descendra donc demain la rivière en kayak.

i ☐ Arthur devra travailler davantage ; il vient de faire une composition de mathématiques désastreuse.

j ☐ Un accident d'hélicoptère a eu lieu et il y a de nombreux blessés.

Points et virgules

COMPRÉHENSION

1 **Les deux phrases a) et b) se ressemblent beaucoup. Et pourtant, à cause de la ponctuation, elles ne disent pas du tout la même chose ! Pour chaque titre, indique le numéro de la phrase qui lui correspond.**

1 a) La pluie tomba très fort à midi. La rivière déborda et inonda les prés.
b) La pluie tomba très fort. À midi la rivière déborda et inonda les prés.

Pluies torrentielles à midi. Phrase n° ....

Crue de la rivière à midi. Phrase n° ....

2 a) Arthur ira en vacances au bord de la mer, s'il a bien travaillé. Son père va lui acheter des palmes et un masque de plongée.
b) Arthur ira en vacances au bord de la mer. S'il a bien travaillé, son père lui achètera des palmes et un masque de plongée.

Arthur doit bien travailler s'il veut des palmes et un masque de plongée. Phrase n° ....

Arthur doit bien travailler s'il veut aller au bord de la mer. Phrase n° ....

3 a) Martine prend le train pour Paris, demain, avec sa tante : elle doit visiter la tour Eiffel et le musée du Louvre.
b) Martine prend le train pour Paris. Demain, avec sa tante, elle doit visiter la tour Eiffel et le musée du Louvre.

Martine et sa tante montent dans le train. Phrase n° ....

Demain, départ pour Paris. Phrase n° ...

4 a) « Mon frère, dit Arthur, est fâché avec la géographie. Il prétend que le lac Titicaca n'existe pas. Quel âne ! »
b) Mon frère dit : « Arthur est fâché avec la géographie. Il prétend que le lac Titicaca n'existe pas. Quel âne ! »

Arthur est un âne. Phrase n° ....

Le frère d'Arthur est un âne. Phrase n° ...

2 **Même consigne que précédemment.**

1 a) Quand il a vu le dangereux bandit sortir tout affolé, Arthur a hurlé : « Au voleur, au voleur ! »
b) Quand il a vu le dangereux bandit sortir... tout affolé, Arthur a hurlé : « Au voleur ! au voleur ! »

Arthur tout affolé. Phrase n° ....

Un voleur affolé. Phrase n° ....

2 a) J'ai bien envie d'aller aux champignons, le temps n'est pas trop mauvais. J'irai aussi pêcher une truite.
b) J'ai bien envie d'aller aux champignons. Le temps n'est pas trop mauvais, j'irai aussi pêcher une truite.

Bon temps pour la cueillette des champignons. Phrase n° ....
Bon temps pour la pêche à la truite. Phrase n° ....

3 a) « Arthur, dit Martin, est un idiot : il prétend qu'il a déjà vu une fourmi de 18 m ! »
b) Arthur dit : « Martin est un idiot : il prétend qu'il a déjà vu une fourmi de 18 m ! »

Cet idiot d'Arthur. Phrase n° ....
Cet idiot de Martin. Phrase n° ....

4 a) Le pont de Saint Nazaire est gigantesque, majestueux. Un gros paquebot passe dessous en glissant tranquillement sur les eaux de la Loire.
b) Le pont de Saint Nazaire est gigantesque. Majestueux, un gros paquebot passe dessous en glissant tranquillement sur les eaux de la Loire.

Un pont majestueux. Phrase n° ....
Un paquebot majestueux. Phrase n° ...

LES TROIS ÉPREUVES

QUESTIONS

Tu n'as pas le droit de regarder le texte page 69 pour répondre.

Complète le tableau :

Première épreuve demandée par la sorcière	La solution de Jean Futé
....	....
Deuxième épreuve demandée par la sorcière	La solution de Jean Futé
....	....
Troisième épreuve demandée par la sorcière	La solution de Jean Futé
....	....

MÉMOIRE

Le chauffeur de taxi

Lis bien cette histoire comme si tu devais, ensuite, la raconter, tout seul, aux élèves de C.P.

1

M. Jean est chauffeur de taxi et ce n'est pas drôle d'être chauffeur de taxi à Paris.
Il faut faire la queue pour attendre un client.
Il faut faire la queue derrière les autres voitures au feu rouge.
Il faut faire la queue dans les embouteillages.
Alors M. Jean se met en colère. Il passe sa tête toute rouge par la portière et il crie, il crie, il crie :
Il crie après la petite fille qui traverse en courant.
Il crie après le cycliste qui lui tourne sous le nez.
Il crie après la voiture qui est devant lui, après celle qui est derrière lui, après celle qui est à côté de lui.
Ouf, que ça lui fait du bien de crier comme ça !

2

Le soir, quand il rentre chez lui, il continue de crier. Il crie après sa femme parce qu'il ne retrouve plus ses chaussons, il crie après son petit garçon qui joue avec une petite auto en faisant gr...boum... tac... gr... boum... tac...
– Silence ! Je veux lire mon journal tranquille ! crie M. Jean.
Et c'est toujours ainsi, monsieur Jean n'en finit pas de crier et d'être en colère.

3

Un jour, il a une idée. Pour avoir l'air plus féroce, il décide de prendre avec lui un gros chien.
– Je veux un chien terrible qui aboiera très fort quand je crierai et qui fera peur à tout le monde.
Il choisit un gros boxer au nez aplati.
– Je vais l'appeler Terreur, dit M. Jean, tout content.
Et Terreur apprend à aboyer et à montrer les dents comme le veut son maître.

4

Mais Terreur a le cœur tendre. Il n'aime ni se battre, ni aboyer, ni montrer ses crocs... Il préfère remuer la queue avec des petits jappements d'amitié :

– Mais non, idiot, crie M. Jean, il ne faut pas avoir l'air gentil. Il faut avoir l'air féroce... comme moi.
Et M. Jean crie encore plus fort : il crie après les feux verts qui passent au rouge, il crie après les feux rouges qui ne veulent pas devenir verts.
Et plus M. Jean grogne, plus le chien remue la queue et envoie de grands coups de langue, là, sur la joue de son maître.
– Arrête donc de me lécher comme ça ! crie M. Jean. Quel chien ! Je ne peux pas lui dire deux mots sans qu'il m'embrasse !

5

À un carrefour, M. Jean se dispute avec un livreur. Le livreur hurle et gesticule.
Du coup Terreur veut le calmer. Vite, il pose ses pattes sur la portière et vlouf ! un grand coup de langue sur la joue du livreur en colère.
Celui-ci recule avec un grand cri :
– Ne craignez rien, dit M. Jean, essayant de tout arranger, il ne mord pas.
– Qu'est-ce qui se passe ici ? demande un agent d'une voix sévère.
Aussitôt, Terreur saute au cou de l'agent et vlouf ! vlouf ! deux grands coups de langue sur les deux joues.
– N'ayez pas peur, Monsieur l'agent, dit très gentiment et sans crier M. Jean. Il n'est pas méchant, il aime embrasser les gens c'est tout.
– On n'a pas idée d'avoir un animal pareil, dit l'agent, qui remet son képi d'aplomb. Gare à vous si vous laissez encore votre chien embrasser tout le monde comme ça.

6

Depuis, M. Jean n'ose plus crier. Il crie encore un peu après son chien, mais Terreur adore ça. Il écoute son maître avec ses gros yeux ronds, et quand M. Jean a fini, vlouf ! il lui donne un grand coup de langue.
Un jour, M. Jean en a eu assez d'avoir les joues toujours humides... et il n'a plus crié du tout.

Ce matin encore, dans un embouteillage, les gens criaient et s'énervaient. M. Jean s'est tourné vers son chien et lui a dit gentiment :
– Ils sont fous, les gens, de crier et de s'énerver comme ça ! Est-ce qu'on s'énerve, nous ? hein ! mon chien !
Et Terreur, tout surpris de voir son maître si calme a fait :
– Grrrrrr...Ouaf ! Ouaf !

D'après Laurence Delaby, *Zoum et les autres*, Castor poche, Flammarion

QUESTIONS

Tu ne dois pas regarder le texte pour répondre aux questions.

Voici trois résumés de l'histoire du chauffeur de taxi. Lis-les et coche celui qui est exact.

Premier résumé : ☐
M. Jean est peureux et achète un gros chien pour se protéger. Le chien est méchant ; il mord les gens et M. Jean est obligé de le vendre.

Deuxième résumé : ☐
M. Jean est un homme toujours en colère. Il achète un gros chien pour faire peur aux gens. Mais le chien préfère lécher gentiment tous ceux qui se disputent. Pour que son chien reste tranquille, M. Jean, à la fin, ne crie plus et devient très calme.

Troisième résumé : ☐
M. Jean achète un gros chien pour faire peur à son fils qui est trop bruyant. Mais le chien fait peur à un gendarme qui se met en colère et M. Jean récolte un procès.

ET TOI, QUI TE COMMANDE... TES YEUX OU TES OREILLES ?
Résultats du questionnaire de la page 137.

Le disque est plutôt vert :
Tu sembles parfois dans la lune, pourtant tu entends très bien tout ce qu'on dit. **Tu es un auditif.** Tu as une foule d'idées en tête. En géographie, en histoire et en sciences, tu sais de multiples choses. Tu n'aimes guère ranger tes affaires et tu t'habilles un peu n'importe comment, mais tu prends toujours le temps de réfléchir avant de faire quelque chose.

Le disque est plutôt jaune :
Tu adores écouter de la musique, même si ça casse la tête à tes parents ! Tu as besoin qu'on t'encourage pour réussir et tu aimes bien voir pour comprendre. **Tu es un visuel.** Tu as du mal à rester en place et tu as toujours des tas de choses à dire. Tu te mets assez facilement en colère, mais tu sais aussi être un bon camarade.

Corrigés

CHAPITRE 1

PAGE 8 :

Deux costumes pour un mot (I)

Séries de mots à cocher :

1 **3-5-7-8-10.**
2 **1-4-5-6-9-10.**

PAGE 9 :

Colliers de mots (I)

Colliers à cocher :

1 **3-5**
2 **2**

PAGE 10

Qui se ressemble s'assemble

Phrases à cocher :

1 **1** : *(b,d)*, **2** : *(f, h)*, **3** : *(i,l).*
2 **1** : *(b,c)*, **2** : *(f, h)* **3** : *(k,l).*

PAGE 11 :

Bon ordre et bon sens

1 *Phrases vraies :* **1-2-5-7-9.** *Phrases fausses :* **3-4-6-8-10.**
2 *Phrases vraies :* **1-3-7-8-10.** *Phrases fausses :* **2-4-5-6-9.**

L'histoire du petit Indien

PAGE 14

QUESTIONS

1 : Le père s'appelle « Chef Soleil levant », la mère « Branche de saule », la sœur « Tige d'or », le frère « Feuille de chêne », le petit Indien « Cheval hardi ».
2 : C'était un mirage.
3 : Parce qu'il pensait au cheval qui avait froid.
4 : Parce qu'il est blessé.
5 : La bonne coutume est la troisième.

CHAPITRE 2

PAGE 16 :

Un mot et son double

1 jeu-drap-fusée-glaçon-caisse.
2 nez-yeux-femme-travail-trousse.

PAGE 17 :

Colliers de mots (II)

Colliers à cocher :

1 **2-3-6.**
2 **3-5**

PAGE 18 :

Le mot de la fin

1 **1** : parapluie - **2** : nettoyer - **3** : piscine - **4** : mère - **5** : fondu.
2 **1** : chez eux **2** : blessé - **3** : dansent - **4** : la grippe - **5** : sales.

PAGE 19 : **Vrai ou faux !**

1 C'est l'hiver : 2-4-7.
C'est l'été : 1-8-9.
C'est idiot : 3-5-6-10.

PAGE 20 : 2 C'est le jour : 5-6-8.
C'est la nuit : 3-4-9.
C'est absurde : 1-2-7-10.

Une drôle d'histoire de loup !

PAGE 22 : QUESTIONS

1 : **b** - **2** : girafe-loup-cheval. **3** : **a** vrai - **c** vrai.
4 : **a)** l'enfant - **b)** le grand-père - **c)** le grand-père.

Une vraie histoire de loup !

PAGE 24 : QUESTIONS

1 : coupait du bois.
2 : sa hache.
3 : Parce que le coup n'est pas parti.
4 : Il a enfoncé son bras dans la gueule du loup.
5 : Il a reçu une prime en argent.

CHAPITRE 3

PAGE 25 :
1 **a)** 3 fois - vrai. **b)** 4 fois - faux.
2 **a)** 4 fois - faux. **b)** 5 fois - vrai.

PAGES 26-27 : **Mot à mot**

1 **a)** « porc » 2 fois - *Titre* : la porte du jardin. **b)** « selle » 2 fois - *Titre* : une pelle à feu. **c)** « niche » : 1 fois - *Titre* : la biche et son faon. **d)** « thon » : 3 fois - *Titre* : il scie un tronc.
2 **a)** « pain » : 2 fois - *Titre* : une pomme de pin. **b)** « pont » : 3 fois - *Titre* : la poule pond. **c)** « pelle » : 2 fois - *Titre* : un gros pull. **d)** « chaîne » : 3 fois - *Titre* : une hache.

PAGE 28 : **Faux frères !**

1 achevé - sauvé - boit - caché - pêché.
2 percé - vendu - vise - pavé - croque.

PAGE 29 : **Finale au choix**

1 **1 :b - 2 :c - 3 :c - 4 :b.**
2 **1 :b - 2 :c - 3 :a - 4 :b - 5 :c.**

L'ours apprivoisé

PAGE 33 : QUESTIONS

1 : En tombant d'un rocher. **2** : Le maire. **3** : phrases 1 et 3 : vraies, phrase 2 : fausse **4** : b,d **5** : 1 : l'ours - 2 : le facteur - 3 : l'ours. **6** : n° 35.... *c'est-à-dire 17 + 18 parce que Gros Ours fait, à la fois, le gendarme et le pompier.*

CHAPITRE 4

PAGE 34 :

Les messages secrets

1 **b**

2 Eric doit venir au camping avec du pain, du lait et du café.
Allez jeudi à Paris par avion, et non par le train.

PAGES 35-36 :

Le labyrinthe

1 gaz - phrase - poison - case - oiseau - poser - chemise - zéro - deuxième - dixième.
1 : prix - noix - nez.
2 : Hier, je suis allé au cinéma voir un beau spectacle.
J'ai perdu la clé pour ouvrir ma porte.
3 : faux.

2 acrobaties- initiales - addition - idiotie - correction - potion - confidentiel- patience - action - punition - élections - essentiel - sensationnel.
1 : vrai - **2** : faux - **3** : vrai - **4** : vrai - **5** : faux

PAGE 37 :

Les mots attachés

1 **a)** *Mot caché* : boa - 3 personnes : femmes-sœur-homme.
b) *Mot caché* : craie - 4 gourmandises : chocolat-caramel-tarte-bonbon.

2 **a)** *Mot caché* : thé - 5 oiseaux : canari-hirondelle-corbeau-perroquet-pie.
b) *Mot caché* : pétrole - 6 fleurs : rose-violette-tulipe-coquelicot-muguet-lilas.

PAGE 38 :

Comme sur les livres du Moyen Âge

1 **1/B - 2/E - 3/A - 4/D - 5/C.**

2 **A : 2 - B : 4 - C : 1 - D : 5 - E : 3.**

Un chat est un chat

PAGE 41 :

QUESTIONS
1 : **§ 3 . 2** : 7 fois . **3** : non-non-oui. **4** : très embêté

PAGE 42 :

Les animaux sont moins bêtes qu'on ne pense.

1 : exemple N° 2 - **2** : exemples N° 2 et 3 - **3** : exemple N° 7 - **4** : exemple N° 6 - **5** : exemple N° 4.

CHAPITRE 5 BILAN

PAGES 43-44 :

MAJUSCULES et minuscules

1 **liste A** : oreille - **liste B** : marine - **liste C** : jouet, chevaux.

2 **liste A** : bruyère - **liste B** : broche et sourire - **liste C** : voilette, marguerite.

PAGE 45 :

Colliers de mots (III)

1 *1er collier* : faux *(un livre n'est pas un ustensile de cuisine)*
2e collier : faux *(un avion n'est pas un ustensile de cuisine)*
3e collier : faux *(l'oignon n'est pas un ustensile de cuisine)*
4^e^ collier : faux *(une girafe)*

2 *1er collier* : faux *(un sac)*
2e collier : faux *(un château)*
3e collier : exact
4e collier : faux *(le pêcheur)*

PAGES 46-47 :

Une phrase, une image.

1 **1 → D - 2 → J - 3 → G - 4 → B - 5 → H.**

2 **1 → I - 2 → D - 3 → E - 4 → F - 5 → G.**

PAGE 48 :

Des mots déplacés

1 **1** : sur les - **2** : pour laver - **3** : les joues rouges - **4** : et font - **5** : d'un énorme.

2 **1** : qui pèse - **2** : au printemps - **3** : en parachute - **4** : tombée en panne - **5** : nous appporte.

Le dromadaire savant.

PAGE 52 :

QUESTIONS

1 - §3 - §1 - §6. **2** Guillaume - Guillaume - le dromadaire

3 - « espèce de brute » - « Je ne suis pas un animal à deux bosses »

PAGE 53 :

Que sais-tu des chameaux ?

1 : vrai - **2** : faux - **3** : vrai - **4** : vrai - **5** : vrai - **6** : faux - **7** : faux - **8** : vrai - **9** : faux - **10** : vrai.

CHAPITRE 6

PAGE 54 :

Deux costumes pour un mot (II)

1 *Mots à cocher :* poule/BOULE-dessert/DESERT-FOULE/foudre-CHOC/chou-douzaine/DIZAINE-gruyère/BRUYERE-LIEVRE/Fièvre.

2 *Mots à cocher :* rédaction/REDUCTION-INSCRIPTION/description-buée/BOUEE-téléphone/SAXOPHONE- -œuf/BŒUF.

PAGE 55 :

Des mots qui chantent en chœur (I)

1 *Lignes à cocher*

1 : Un champignon pour Florian.
Un déjeuner pour Robert.
A discuter : Un scooter pour mon petit frère

2 : Une grosse valise pour Philippe.

3 : Une cuillère pour Olivier.
A discuter : Une jeep pour Philippe
Des frites pour toute l'équipe.

4 : toute une ville pour la chenille.

2 *Lignes à cocher :*

1 : Une paire de bottes pour Carlos.

2 : Un ballon de foot pour Charlotte.
Un gros os pour Pédro.
Du repos pour ce colosse.

3 : *A discuter : Du persil pour Cécile.*

4 : Un tabouret pour Hubert.
Un prix moyen pour Clément.
Une clef pour Joseph.

PAGE 56 : **Une image, une phrase**

1 **1→ D- 2→ B- 3→ A- 4→ C.**

2 **1→ C- 2→ A- 3** *(non illustré)*-**4→ D- 5→ B**

PAGE 57 : **Les apparences sont trompeuses**

1 *Mots à cocher :* **1** : talons - **2** : voile - **3** : barbe - **4** : virage.

2 *Mots à cocher :* **1** : saison - **2** : brasse - **3** : crochet - **4** : foulé.

Question d'empreintes.

PAGE 60 : QUESTIONS

1 : **a)** C'est un homme. **b)** C'est un fusil.

2 : Il a été blessé par une balle.

3 : Car c'est encore un jeune renard qui ne sait pas tout.

Julien, Praline et les chouflonflons

PAGES 61-62 : TEXTE

Mots à souligner :

se dégage/sort-une demeure/une maison-l'interpelle/l'appelle-se hâter/se dépêcher-éberlué/ébahi-un nom/un mot-se balancer/se promener-se dirige/marche-cerises/griottes-accompagne/suit-s'adresse/demande-énormément/beaucoup-mirobolants/époustouflants-connais/sais-s'exerce/apprend-succulents/appétissants-miracle/magie-une pincée/une miette.

PAGE 63 : QUESTIONS

1 : Praline - **2** : parce qu'il va bientôt être midi - **3** : le gros plat, à gauche - **4** : le bon règlement : **b) - 5 :** les bons plats : **a)-c)-e).**

CHAPITRE 7

PAGES 64-65 : **Plusieurs mots pour le dire**

1 **1** : adroit/habile - **2** : couteau/poignard - **3** : ronger/grignoter - **4** : étoffe/tissu - **5** : blessure/plaie-

Code : bêche : **D2** - drapeau : **F5**

6 : grimper/escalader - **7** : difficilement/péniblement - **8** : horloge/pendule - **9** : rocher/pierre - **10** : logement/appartement.

Code : poisson : **B9** - plonger : **E6**

2 **1** : chagrin/peine - **2** : orgueilleux/fier - **3** : ouvrage/travail - **4** : redire/répéter - **5** : gardien/surveillant

Code : coq : **F1** - pomper : **E4**

6 : chef/général - **7** : étrange/bizarre - **8** : fixe/immobile - **9** : penser/réfléchir - **10** : commerçant/marchand.

Code : cheminée : **E6** - tirelire : **A6**

PAGE 66 : **Des mots en plein accord.**

1 **1** : travailleuse / parfumé - **2** : célèbre / chaude - **3** : grave / neuf - **4** : nerveux / aveuglante - **5** : glaciale / fleuri.

2 **1** : neuf / fatigant - **2** : électrique / impardonnable - **3** : comique / cassée - **4** : automatique / bleus - **5** : profond / lointains.

PAGE 67 :

Le bon sens en deux mots.

1 **1** : courses/commissions - **2** : annonce/dit - **3** : habituellement/normalement - **4** : piteux/triste - **5** : appuies/poses.

2 **1** : emprunté/pris - **2** : failli/manqué - **3** : prodigieuses/fantastiques - **4** : communiqué/propagé - **5** : énergiques/puissants.

PAGE 68 :

L'un ou l'autre

1 **1** : géant - **2** : laine - **3** : enregistré - **4** : grave - **5** : froid.

2 **1** : hurler - **2** : aller - **3** : excès - **4** : citerne - **5** : voir.

PAGES 69-70-71 :

Les trois épreuves.

TEXTES

Mots à souligner : rencontrent/voient - s'enfuir/se sauver - demande/dit - désirez/voulez - trompeuse/fausse - s'égarent/se perdent - continue/ajoute- épreuves/tests - en gémissant/en pleurnichant - j'exige/je veux - de plus belle/encore plus fort - sinon/ou - répond/dit - tailler/couper - taille/fait - morceaux/airs - rage/colère - réussi/passé - jérémiades/pleurnicheries - fuyons/courons - réplique/répond - puiser/chercher - précieusement/avec soin - d'une part/d'un côté - remporté/passé - ricane/dit - souterraine/sous la terre - dévorer/manger - aviserons/verrons - observe/regarde - le trafic/la circulation - bâtissent/construisent - hurle/dit.

PAGE 144

QUESTIONS

1re épreuve : mettre le vent en cage	*Solution de Jean Futé :* jouer de la flûte.
2e épreuve : séparer la mer en deux	*Solution de Jean Futé :* séparer l'eau et le sel.
3e épreuve : construire une ville sous la terre	*Solution de Jean Futé :* montrer une fourmilière à la sorcière.

CHAPITRE 8

PAGE 74 :

Je dis blanc, tu dis noir.

1 **A** : ami/ennemi - **B** : glacé/brûlant - **C** : détester/aimer - **D** : avant/après - **E** : liquide/solide - **F** : obéissant/désobéissant - **G** : féminin/masculin - **H** : défaut/qualité - **I** : savoir/ignorer - **J** : ralentir/accélérer.

2 **K** : s'asseoir/se lever - **L** : éclaircir/assombrir - **M** : affamé/rassasié - **N** : différent/semblable - **O** : punition/récompense - **P** : sévère/indulgent - **Q** : discret/indiscret - **R** : attentif/distrait - **S** : libre/prisonnier - **T** : calme/turbulent.

PAGE 75 :

C'est le contraire.

1 du bois sec/ un feu rouge - un teint frais/ des dents blanches - du vin rouge/ du papier quadrillé - une voix aiguë/ une blessure légère - un café fort/ une grande différence.

2 un air doux/ un pas lent - un blessé grave/ un cartable lourd - une mer calme/ un petit chien - une ligne courbe/ la main gauche - l'oreille fine/ un siège moelleux.

PAGE 76 : **Mots pirates (I)**

Mots à barrer :

1 **1** : sous - **2** : demain - **3** : flâner - **4** : cartable - **5** : rêver - **6** : adore.

2 **1** : malade - nord - **2** : d'abord - jours - **3** : douche - **4** : souffle - **5** : d'argent - **6** : veille, sales.

PAGE 77 : **Contrairement à ce que tu dis**

1 *Phrases à cocher :* **1 :b - 2 :c - 3 :b - 4 :b.**

2 *Phrases à cocher :* **1 :b - 2 :b - 3 :c - 4 :b.**

Un homme distrait

PAGE 79 : QUESTIONS

1 : a) M. Courteboule est un vieillard qui a la vue basse.

b) Mme Michu est une marchande très patiente avec ses clients.
Mme Michu est aussi une marchande qui a de l'humour.

2 : Des lunettes sans branches s'appellent des lorgnons.

3 : Mme Michu envoie M. Courteboule dans une poissonnerie, parce qu'elle veut se moquer de lui.

4 : a)

CHAPITRE 9

PAGE 80 : **Des intrus**

1 **A** le pneu - **B** le pharmacien - **C** le toboggan - **D** la récréation - **E** desserts - **F** fil - **G** le mouton - **H** la brouette - **I** les collégiens - **J** le chef cuisinier.

2 **A** du sucre - **B** colis - **C** défiler - **D** bouteilles - **E** cravate - **F** cerisier - **G** tricheur - **H** l'arrosoir - **I** chanter - **J** l'hameçon.

PAGES 81-82 : **Points communs**

1 **1** : la phrase - **2** : une flamme - **3** : une fillette - **4** : une alouette - **5** : du rhum

2 **1** : un gardien - **2** : des Algériens - **3** : un franc - **4** : un orang-outang - **5** : un zéro - **6** : des escargots

PAGE 83 : **Mots pirates (II)**

1 **1** : froid - **2** : le vélo - **3** : cuire - **4** : prochaine - **5** : hier - **6** : le lard

2 **1** : sac - **2** : verglas - **3** : mordue - **4** : page ; copie - **5** : lapin ; soupe - **6** : millions de, que.

PAGE 84 : **Le juste titre**

1 **1 : b - 2 : b - 3 : a - 4 : b - 5 : b.**

2 **1 : a - 2 : b - 3 : b - 4 : a - 5 : b.**

Voilà pourquoi la mer est salée

PAGE 87 : QUESTIONS

1 :Il veut rentrer chez lui - Il veut une belle maison - Il veut un beau parc - Il veut des jardiniers.

2 : réponse **b)**

3 : phrase **c)**

4 : ...parce qu'ils voulaient du sel.

5 : ...parce que les voleurs ne savaient pas la formule magique.

PAGE 89 :

Un métier peu connu : paludier

QUESTIONS

1 : Phrase 1 : faux- phrase 2 : vrai- phrase 3 : faux.
2 : l'œillet va se vider.
3 : La paludière.
4 : Phrase 1 : fausse- phrase 2 : exacte.

CHAPITRE 10 BILAN

PAGE 90 :

Plusieurs mots pour le dire (II)

1 **1** : rapidement/vite - un galet/une pierre - naïf/nigaud - épargner/économiser.
2 : désert/inhabité - un self/un restaurant - se restaurer/se nourrir - péniblement/difficilement.
3 : gravir/grimper - énormément/beaucoup - éberlué/ébahi - des plaintes/des jérémiades.
4 : sans cesse/toujours - permettre/autoriser - une demeure/une maison - adroit/habile.

2 **1** : UN INSTANT/un moment - UN ILLUSTRÉ/un magazine - INTERDIRE/défendre CERTAINEMENT/sûrement.
2 : TRÈS CONNU/célèbre - SANS PAYER/gratuitement - UNE H.L.M./un immeuble - SE DÉPÊCHER/se hâter.
3 : BOIRE/se désaltérer - ÉPOUSTOUFLANT/mirobolant - MODESTEMENT/simplement - UNE MÉTHODE/une manière.
4 : SE DISTRAIRE/s'amuser - AVEC BRUIT/bruyamment - APPLIQUÉ/soigneux - UN CHRONOMÈTRE/une montre.

PAGE 91 :

Des mots qui chantent en chœur (II)

1 *Cases à cocher :* **b-g.**
2 *Cases à cocher :* **b-g.**

PAGE 92 :

Des oiseaux et des nids

1 **a/2 - b/1 - c/4 - d/3 - e/5**
2 **a/9 - b/7 - c/6 - d/10 - e/8**

PAGE 94 :

La puce à l'oreille

1 **1/d - 2/a - 3/c - 4/b.**
Expressions à souligner : **a)** à sa guise - **b)** en gros - **c)** facile à deviner - **d)** de peu.

2 **1/c - 2/d - 3/a - 4/b.**
Expressions à souligner : **a)** Tout le monde fredonne - **b)** à toute vitesse - **c)** au maximum - **d)** leur aide.

Une histoire de tous les diables

PAGE 97 :

QUESTIONS

1 : un bon petit gars/ un bon diable- drôlement/diablement-...a bien du mal à gagner sa vie/ tire le diable par la queue- un argent considérable/ un argent du diable- fiche-moi le camp d'ici/ Va au diable.
2 : mais-donc.

PAGE 98 :

Le petit garçon et l'anguille.

Ordre des paragraphes : **1-4-8-2-7-6-3-5.**

CHAPITRE 11

PAGE 99 :

Le mot étiquette

1 **1** : des oiseaux - **2** : des maladies - **3** : des armes - **4** : le sport - **5** : du linge.
2 **1** : véhicule - **2** : des militaires - **3** : habitation - **4** : des médicaments - **5** : bijou.

Listes et mots-étiquettes :

____ OISEAUX ; ______ MAMMIFÈRES ; ____ PLANTES : ______ ANIMAUX ; ----- ÊTRES VIVANTS

PAGE 100 :

Deux qui font la paire

Lignes à cocher

1 **B : 5 - C : 3 - D : 1 - D : 3 - E : 3 - F : 2**
2 **B : 5 - C : 2 - C : 3 - C : 4 - D : 2 - D : 3 - D : 5 - F : 1.**

PAGE 101 :

Des phrases bien titrées

1 **1** : DÉGUISEMENT - **2** : UNE BELLE CHASSE - **3** : SÉJOUR À LA MONTAGNE - **4** : LA PANNE SÈCHE - **5** : ACTIVITÉ SPORTIVE.
2 **1** : ACCIDENT - **2** : LA TEMPÊTE - **3** : UN CADEAU - **4** : LE DÉPART - **5** : UN JOUEUR ÉTOURDI.

PAGE 102 :

La bonne entrée

1 **1** : une grosse brioche - **2** : avec grande attention - **3** : montrer doucement - **4** : tous les massifs - **5** : il voudrait bien.
2 **1** : ...lui jettent - **2** : de la dinde rôtie - **3** : ...qu'il va devenir - **4** : ...s'entraîne énergiquement - **5** : On peut y voir.

L'escargot et le loup

PAGE 104 :

QUESTIONS

1 b) **2 b)** **3** un repas
4 b) e) f)
5 b

Les Indiens Yanomanos

PAGE 107 :

QUESTIONS

a → 5 - b → 3 - c → 2 - d → 5 - e → 2 - f → 3 Numéro du paragraphe : **2**

CHAPITRE 12

PAGE 108 :

Les mots masqués

1 *Mots à barrer :* **1** : orage - raison - **2** : agile - message - **3** : guignol - violent - **4** : épinard - dentier - coiffure - **5** : lard - vent.
2 *Mots à barrer :* **1** : foin - Julie - escalope *(on discutera le mot parachute.)* **2** : cheminée - marteau - anormal - **3** : tonneau - broc **4** : violoniste - rosée - coqueluche - **5** : hachures - selle - pinson.

PAGES 109-110 :

Les mots en balance (I)

1 **1** : patte - **2** : revenir - **3** : cahiers - **4** : sommeil - **5** : écriture - **6** : sport - **7** : ceinture - **8** : fruit - **9** : loup.
2 **1** : froid - **2** : stade - **3** : vêtement - **4** : plumes - **5** : canards - **6** : se reposer - **7** : bleu - **8** : joyeux - **9** : verglas.

PAGE 111 : **La bonne entrée (II)**

1 **1** : surtout - **2** : puissante - **3** : hier - **4** : longuement - **5** : aucun.

2 **1** : au moins - **2** : facilement - **3** : régulièrement - **4** : paraît-il - **5** : totalement.

PAGE 112 : **Mais où est donc ORNICAR ?**

1 **1** : et - **2** : mais - **3** : ou - **4** : mais.

2 **1** : car - **2** : mais - **3** : et - **4** : donc - **5** : ou

L'auto-stoppeur

PAGES 113-114 : *La place des mots en marge .*

la belle voiture **neuve** (1re ligne du § 1) - un pantalon **déchiré** (7e ligne du § 2) - comme un vieux pépé (11e ligne du § 3) - et me dit **sévèrement** (15e ligne du § 4).

L'ordre des vignettes

PAGES 115-116 : QUESTIONS

Le loup et l'escargot : 1-3-4-2-6-5

L'auto-stoppeur : a-e-b-d-c-f-

PAGE 117 : **Les ancêtres du vélo**

Ordre des textes : **B-A-D-C-E** - *Ordre des vignettes :* **3-4-1-2-5.**

CHAPITRE 13

PAGE 118 : **Le be.a. ba de l'A.B.C.**

1 **a) A :** ami : 5 - maison : 58 - école : 33 - travail : 94 - fleur : 44 - blanc : 15.

B : vieux : 98 - heure : 48 - devoir : 29 - père : 72 - bois : 17 - oiseau : 66

C : année : 6 - temps : 90 - journée : 54 - printemps : 79 - soleil : 88 - feuille : 41.

D : ainsi : 2 - même : 61 - peu : 74 - entendre (s') : 38 - rendre (se) : 81 - aussi : 10.

b) bien : vrai - ami : vrai - école : faux - maison : faux - comme : vrai.

2 **1** : *mot à cocher* : frère - joie - soir - toujours - long.

2 a : faux - **b** : vrai - **c** : vrai - **d** : faux - **e** : vrai.

3 75 plumier 76- 65 nuit 66- 45 forêt 46- 92 tortue 93- 36 enfermer 37- 79 quelquefois 80.

PAGES 120-122 : **Mots croisés**

1 **1** : 1 → beau - 2 → bien - 3 → noir.

2 : 1 → arbres - 2 → air - 3 → eau

3 : 1 → blanc - 2 → bleu - 3 → noir

2 **1** : 1 → maison - 2 → mère - 3 → maman

2 : 1 → élève - 2 → classe - 3 → école

3 : 1 → parent - 2 → père 3 → mère - 4 → car - 5 → rentrer - 6 → enfant

PAGE 123 : **En bref**

1 **1** : blessure grave - **2** : départ pour la chasse - **3** : nouveau lancement - **4** : la guérison - **5** : escalade difficile.

2 **1** : le nettoyage - **2** : livraison - **3** : augmentation **4** : construction d'un immeuble - **5** : le défilé.

PAGES 124-125 : **Une grande famille**

1 **1** : faux - **2** : vrai - **3** : faux - **4** : vrai - **5** : faux.
Qui parle : **1** : Christine- **2** : Jeanne.

2 **1** : faux - **2** : vrai - **3** : vrai - **4** : vrai - **5** : faux.
Qui parle : **1** : Pauline - **2** : Odette

PAGE 126 : **Résumons-nous**

1 **1 :b - 2 :c - 3 :a**

2 **1 :b - 2 :c - 3 :b.**

PAGES 127-128 : **Le petit prince hongrois**

La place des phrases dans le texte.
Phrase a) fin du **§ 6** juste après « répliqua la fille du vannier » -
phrase b) début du **§ 2** juste après « Mais voilà »

CHAPITRE 14

PAGE 129 : **Les mots en famille**

Mots solitaires :

1 grosseur-docteur-porte.

2 largeur-mère-tronc.

PAGE 130 : **Un mot pour un autre**

1 subitement : **5-** emmenés : **4-** minuscules : **3-** rives : **1-** Aussitôt que : **2.**

2 taillent : **5-** tandis que : **2-** écart : **3-** prenait soin : **4-** jouent : **1.**

PAGE 131 : **En résumé**

1 **1** : taille - **2** : vitesse (et taille aussi !) - **3** : sommeil - **4** : force - **5** : voyage.

2 **1** : animal - **2** : véhicule - **3** : soins - **4** : repas - **5 :** outil.

PAGE 132 : **Mission remplie**

1 **1 : A - 2 : B et C - 3 : A - 4 : B et C - 5 : A - 6 : A et B** *(la consigne est ambiguë)*

2 **1 : A - 2 : A - 3 : A - 4 : A - 5 : C - 6 : C**

CHAPITRE 15 BILAN

PACES 138-139 :

1 **Menteurs oui ou non ?**
Nicolas, Pierrette et Lucie disent la vérité.
Géraldine et Claude disent des mensonges.

2 Sébastien et Aïcha disent la vérité.
Jean-Michel, Francine et Fabrice disent des mensonges.

PAGE 140 : **Les mots en balance (II)**

1 **1** : travail - **2** : nuit - **3** : charcuterie - **4** : maladie - **5** : sommet.

2 **1** : restaurant - **2** : méchanceté - **3** : boisson - **4** : cuisine - **5** : instrument.

PAGES 141-142: **Le langage du robot Arthor**

1 **1 : f - 2 : d - 3 : i - 4 : h - 5 : b.**

2 **1 : c - 2 : h - 3 : e - 4 : f - 5 : i.**

PAGES 143-144 : **Points et virgule**

1 **1** : Pluies torrentielles à midi : **a** - Crue de la rivière à midi : **b**
2 : Arthur doit bien travailler pour avoir des palmes : **b** - Arthur doit bien travailler pour aller en vacances : **a**
3 : Martine et sa tante montent dans le train : **b** - Demain, départ pour Paris : **a**
4 : Arthur est un âne : **b** - Le frère d'Arthur est un âne : **a.**

2 **1** : Arthur tout affolé : **b** - Le voleur affolé : **a**
2 : Bon temps pour les champignons : **a** - Bon temps pour la truite : **b**
3 : Cet idiot d'Arthur : **a** - Cet idiot de Martin : **b**
4 : Un pont majestueux : **a** - Un paquebot majestueux : **b.**

Le chauffeur de taxi

PAGE 147 : QUESTION

Le bon résumé : N° **2.**

Illustrations

Sylviane Alloy : pages 46-47, 88-89, 115-116, 128 - Laurent Lallo : pages 53, 103 à 105 - Martine Rambaud : pages 15, 24, 33, 41, 52, 55, 58, 60-61, 64-65, 73, 98, 117, 147 - Jacques Taillefer : pages 26-27, 43-44, 93, 79.

Direction artistique : Studio Primart
Coordination éditoriale et artistique :
Annie Herschlikowitz

N° d'Éditeur : 10045187- (XII) - (193) - OSB-K- 80°- Février1998
Imprimerie **Jean-Lamour**, 54320 Maxéville - N° 98010065
Imprimé en France